Marcella Berger

Die Frauen des Dulders

und andere Zumutungen

Geschichten nach Homer

Titelbild: Franz v. Stuck, «Tilla Durieux als Circe»
Eine eventuelle Urheberrechtsverletzung
ist unbeabsichtigt.

ISBN 978-3-947930-10-4

Satz und Layout
Christina Eretier
www.eretier.de

Edition Pauer
Kelkheim 2020
p.pfeffer@dunkel.de
www.editionpauer.com

Marcella Berger

Die Frauen des Dulders

und andere Zumutungen

Geschichten nach Homer

Edition Pauer

Aber ich will dir anitzt weissagen, wie es die Götter
Mir in die Seele gelegt, und wie's wahrscheinlich geschehn wird;
Denn kein Seher bin ich, noch Flüge zu deuten erleuchtet.

Homer – Odyssee, Erster Gesang

Inhalt

Erster Teil

CIRCE-VARIATIONEN

Die Lust der Seraphim

Als die Kriminalbeamten am Tatort eintrafen, fanden sie den Schützen neben der Leiche. Er saß auf einer Beetumrandung und blickte ihnen gleichmütig entgegen. Einer der Beamten zückte sein Notizbuch, um Uhrzeit und Personalien des Tatverdächtigen festzuhalten. Währenddessen dokumentierte der zweite Beamte mit einer Kamera die Situation. Als er am Himmel das Dröhnen eines Flugzeugs hörte, warf er einen schnellen Blick nach oben, wo eine Boeing 727, wie er auf Anhieb erkannte, in flachem Winkel aufstieg.

Eine Maschine auf dem Flug von Saarbrücken nach London. Und in der Maschine Donata, die Gattin des Toten im Rosenbeet und Geliebte des Schützen, dem gerade Handschellen angelegt worden waren.

Sie hatte nur im hinteren Teil der Maschine einen Sitzplatz bekommen, wo es besonders laut war. Das Dröhnen der Triebwerke würde sich jedoch legen, wenn sie ihre endgültige Flughöhe erreicht hätten, das wusste sie aus Erfahrung.

Sie seufzte. Das Seufzen galt dem Lärm und den spöttischen Augen, die ihr auf Seite elf des Hochglanzjournals in ihrem Schoß entgegen sahen.

Von den Ereignissen tausend Meter unter ihr ahnte sie nichts.

Die Augen gehörten Bruno Antino, dem König der Würzmittel, und er selbst hatte ihr das Journal ins Handgepäck gesteckt, sie solle mal einen Blick hineinwerfen.

Während Donata erneut einen Blick in das Journal warf, wurde der König der Würzmittel abgeführt. *Weltweit erfolgreich – der Milde mit Honig* lautete die Schlagzeile des Artikels. Es handelte sich um ein Porträt des «Essig- und Würzmittel-Königs». Neben seinem Foto die Abbildung einer Flasche *Wellfor*-Essig. «Mild, mit wenig Säure und nach einer geheimen Rezeptur mit Honig und Kräutern.» Unverwechselbar aromatisch, hieß es. Die Zeitschrift der Industrie- und Handelskammer präsentierte in jeder Ausgabe erfolgreiche Firmenchefs der Großregion, und die Marke *Wellfor* war ein Renner, «nicht nur für Salate, sondern für alle feinmilden Speisen.»

Donata ließ das Heft in den Schoß sinken. Dass sie Schuldgefühle empfand, ärgerte sie, ihrer Meinung nach gab es dafür keinen Grund. Schuldgefühle! Wieso und warum, fragte sie sich.

Und doch war ihr unbehaglich zumute. Wieder seufzte sie.

In dem Artikel war von der richtigen Nase die Rede, von einem ausgeprägtem Geschäftsinstinkt, von Einsatzbereitschaft, Vitalität, sogar von Charisma.

Sie klappte das Journal zu und wandte den Blick aus dem Fenster.

Graue Wolkensuppe.

Sie war froh, dass der Platz neben ihr leer geblieben war. Gewöhnlich hatte sie zwar nichts gegen eine belanglose Unterhaltung, doch heute brauchte sie Ruhe. Sie musste nachdenken.

Ich muss einfach alles hinter mir lassen, dachte Donata, alle Zelte abbrechen. Woanders ganz neu anfangen. Notfalls in Figueres, die Familie dort würde sie mit offenen Armen aufnehmen. Auch Barcelona oder Valencia waren möglich, Katalonien war Heimat, in gewisser Weise zumindest. Natürlich konnte sie auch nach Madrid gehen, sie sprach gut spanisch, mit katalanischem Akzent allerdings.

Hauptsache, sie kam heil aus der Geschichte heraus!

Alles ist so gekommen, weil ich so bin, wie ich bin, und weil du so bist, wie du bist, hatte ihr Mann gesagt.

Der kleinste gemeinsame Nenner, ja, das konnte jeder so unterschreiben!

Aber wie ging es weiter?

Wieder ein Seufzen. Dann kehrten Donatas Gedanken zu den vielen Sommerferien in Figueres zurück, zu den zahllosen Festas de la Santa Creu, die sie seit ihrer Kindheit dort gefeiert hatte, die Prozessionen, die Feuerwerke. Vater war jetzt auch schon alt, er wäre sehr froh, wenn sie in seiner Nähe lebte. Mit den vier Halbgeschwistern und seiner Frau verstand sie sich gut.

Sie dachte an Pablito, an den Sardanas auf der Plaça major, da war sie fünfzehn. Menschen, die sich an den Händen hielten, sie hoben und senkten, ernst und fast andächtig, die kurze und lange Schritte machten, links herum, rechts herum, der Vortänzer sagte die Sprünge an. Die Tanzenden schienen nach innen zu lauschen, vielleicht wegen der schwierigen Schrittfolge, auf die man sich konzentrieren musste, vielleicht aber auch, weil der Tanz ein Nationalheiligtum war, seit ihn die Faschisten verboten hatten. Pablito, der Sohn des Flabiol-Spielers, an ihrer Seite, an seiner Hand tanzte sie, und dann ging sie an Pablitos Hand in die Remise der Großeltern, wo es dunkel war, nach Pferdeschweiß und Leder roch und die Sonne goldene Lamettafäden durch die Ritzen der Bretterwand warf, Streifen auf den Boden, Arabesken auf das Gerümpel. Als sie den Schuppen betraten, verstummte die Musik auf der nahe gelegenen Plaza und die Stimmen der Festgäste brandeten durch die Häuserschluchten. Pablito zog sich aus und stand nackt vor ihr. Zum ersten Mal sah sie das Geschlecht eines Mannes und war beeindruckt von dem roten Glanz der Eichel und den Aderschlangen, die sich über den Schaft zogen.

Die Musik setzte wieder ein. Eine eingängige Melodie, La Santa Espina, zuerst das Flötenspiel, damit die Tänzer sich einstimmen, einhören konnten. Dann das Näseln der Holzblasinstrumente, der beharrende, fordernde Rhythmus ...

Erneut ein Seufzer. Das Problem ist nicht in den Griff zu kriegen, man konnte einfach nicht mit ihm leben, mit diesem Meister der milden Würze. Wenn er einen schlechten Tag hatte, musste man auf alles gefasst sein, auf alle möglichen Gemeinheiten. Diesmal traf es sie nicht unvorbereitet, sie hatte seinen Blick gesehen, die Tücke darin, und war alarmiert. Ich will einen Vertrag, hatte er gesagt, fast beiläufig, du bist eine Hure und du bleibst eine Hure – sei meine Hure!

Er wollte sie demütigen. Wahrscheinlich hatte er sich

über irgendetwas geärgert. Für jeden Fick ein Sümmchen, hatte er gesagt und hinzugefügt: ein ordentliches! Und da hatte sie der Teufel geritten. Keine Tränen, kein waidwundes Reh. Sie hatte gelacht. Warum nicht?

Kalkweiß war er geworden, wortlos war er aufgestanden und gegangen.

Sie stopfte die IHK-Zeitschrift in das Seitenfach ihrer Tasche.

Die Wolkendecke war jetzt teilweise aufgerissen, Wolkenlöcher gaben die Sicht auf die Erde frei. Eine Stadt. Köln? Bonn? Aus Bonn waren die Diplomaten in den Hunsrück gekommen, zum Jagen. Dann durfte man nicht in den Wald, dann schossen die das Wild daher, traritrara, und nicht der Jäger aus Kurpfalz. Der Wald, die Pfadfinderzeit, Schleichwege, Gefahr und Abenteuer, Schinderhannesgeschichten, die nach Pilzen und Moosen rochen. Der erste Kuss. Sie erinnerte sich noch an das Rauschen des Regens im Blätterdach, sie standen in einer Laubhütte. An den Namen des Jungen konnte sie sich nicht mehr entsinnen, auch nicht mehr, wie er aussah. Doch dass ihr Gesicht nach dem Kuss ganz nass war, das wusste sie noch. Und wie erstaunt sie darüber war.

Wie sollte ihr Leben nur weitergehen? Einmal hatte er sich selbst einen Kriegsherrn genannt, vielleicht nicht ganz ernst gemeint. Aber im Grunde traf es die Sache. Aber wieso liebte sie, Donata, einen Mann, mit dem man kämpfen musste? Liebte sie den Krieg? War sie süchtig nach Adrenalin und Endorphinen?

Egal.

Jedenfalls konnte man so nicht leben.

Und doch zog dieser Mann sie an. Es war schlimm mit ihm. Aber ohne ihn war es noch schlimmer. Sie hatte das alles so satt!

Aus allen Süchten musste man sich hinausschleichen, aus allen Abhängigkeiten, Schritt für Schritt. Mit Fantasie und gutem Willen ist alles möglich, hatte ihre Mutter immer gesagt. Bei dem gutmütigen Salvatore, Donatas Vater, mochte das gegriffen haben, der war lenkbar, eine Weile zumindest, solange er noch Hoffnung hatte und sogar den Professor in Kauf nahm. Aber der König der Würzmittel war nicht der brave Salvatore. Und auch der brave Salvatore hatte irgendwann die Schnauze voll gehabt von Mutters Fantasie und gutem Willen!

Wieder dachte sie an Figueres, den Kreis tanzender Menschen, die Hände, die sich gefasst hielten, sich hoben und senkten, dachte an Pablito – was der wohl machte?

Dann dachte sie an Mami in dem schwingenden Plisseerock, die alle paar Wochen im Hunsrückdorf auftauchte, in ihrem hellblauen Simca 1000, ein Auto, das dem wartenden Kind wie ein Geschenkkarton vorkam, ein Geschenkkarton, dem die wunderschöne Mami entstieg. Samstags kam sie, und sonntags fuhr sie wieder, nach dem Mittagessen. Donata und die Oma standen dann Hand in Hand auf der obersten Treppenstufe – Großvater hatte sich an seinen Fischweiher verzogen – und winkten, bis der Geschenkkarton ihren Augen entschwunden war: An der nächsten Ecke bog er rechts ab.

Oma sagte manchmal eine Dame von Welt, und Donata wusste, dass der Professor gemeint war, Mutters Dauerverhältnis. Ein einziges Mal hatte sie das Dauerverhältnis zu Gesicht bekommen, bei einem der seltenen Besuche in Bonn. Der große, schlanke Herr hatte ihr zwei Bällchen Eis spendiert, Waldmeister und Himbeer, ihre Lieblingssorten. Irgendwann erschien ihre Mutter überhaupt nicht mehr in dem Hunsrückdorf, um ihre Tochter zu besuchen.

Nie hatte sie Zeit für Donata gehabt, auch später nicht, schickte stattdessen Postkarten aus Sydney oder vom Karneval in Rio, aus Kapstadt und L. A., von überall, wohin ihr schickes Verhältnis sie mitnahm. Sehr hübsche Ansichtskarten waren das, das musste man zugeben, großformatig und bunt. Viel später, als die Kinder auf der Welt waren, stand darauf: Küsse die Kleinen von mir. Vermutlich hatte sie die Namen ihrer Enkelkinder vergessen, die ihre Oma Betty nennen mussten, wenn sie sich am Telefon für die Weihnachtspakete bedankten, Betty klang alterslos. Und nun waren die Kinder erwachsen, zumindest volljährig, und Mami nicht mehr am Leben. Das Bild ihrer sterbenden Mutter im Krankenhaus, ein Gesicht in den Kissen, das nicht die geringste Ähnlichkeit mit Mami hatte und doch Mami war, ein Gesicht wie ein trockenes Herbstblatt, vom Wind durchs offene Fenster auf das weiße Leinen geweht, dürr, gelb und fremd. Donata hatte nicht gewagt, die welke Haut zu berühren, aus Furcht, sie würde unter ihren Fingern zerfallen. Damals war sie sehr froh gewesen, ihren Mann neben sich zu haben, den treuen Menschen, der tröstend den Arm um sie legte, diesen sanften, bescheidenen Mann, den Mutter verachtete, obwohl sie ihn gar nicht kannte, genau so wenig wie ihre Enkel.

Er forderte nichts, dieser Mann, und das machte die Sache erst richtig schlimm!

Das neuerliche Dröhnen der Motoren verriet, dass sie sich bereits im Sinkflug befanden. Jetzt spürte sie, wie ihr Herz zu klopfen begann. Was hielten die nächsten Tage wohl für sie bereit?

Sie sah aus dem Fenster, nichts außer Wolken.

Ein unangestrengtes touristisches Programm, das erhoffte sie sich. Stressless. Zwei Tage Auszeit, durchatmen, das hatte sie sich wirklich verdient! Ja, sie hatte gelogen, es gab kein Meeting der Klinikreferenten. Aber anders wäre es nicht gegangen, und sie brauchte Abstand. Lügen zu müssen, war deprimierend. Ihre ganze Situation war deprimierend. Wie hatte Jamal gesagt? Eine Depression sei nichts anderes als das Ablassen von Luft. Er hatte das Wort englisch ausgesprochen, *depression*. Sie hatte lachen müssen, aber es stimmte ja, bei zu viel Luft im Reifen, im System, muss man Luft ablassen. Und sie, Donata, stand eindeutig unter Druck. Hoher Druck komme von hohen Erwartungen, hatte er gesagt. *Depression*, hatte er gesagt und gelacht. Da war sie einen Moment in Versuchung gewesen, ihm von ihren privaten Problemen zu erzählen, obwohl sie nie über Privates sprachen, jedenfalls bisher nicht. Jetzt war sie jedenfalls froh, dass sie auch bei diesem Telefonat den Mund gehalten hatte. Sie waren zu anderen Themen übergegangen und hatten das heutige Treffen vereinbart.

Dass sie jemals zu einem derart entspannten Verhältnis finden würden, hätte sie nicht für möglich gehalten, dafür schien die Sache damals zu dramatisch. Doch aus dem jungen Studenten, der sich weinend an sie geklammert hatte und sie am Aussteigen aus dem Zug hindern wollte, war ein seriöser Geschäftsmann geworden, ein selbstbewusster Konsulatsangestellter, der ihr nichts nachtrug, nicht einmal, dass sie in jener Nacht Ehe und Kind verschwiegen hatte.

Mehr als zwanzig Jahre waren seit damals ins Land gegangen. Es war im Nachtzug von Paris nach Frankfurt gewesen, Jamal, der nette, junge Inder, der in Paris studierte und seinen Bruder in Frankfurt besuchen wollte, zeigte ihr Fotos, seine Familie.

Irgendwann hatte er nach ihrer Hand gegriffen, ihr die Vermögensverhältnisse dargelegt – die Familie besaß eine Papierfabrik am Brahmaputra und einige Teeplantagen – und gesagt: «Wir sind jetzt verlobt, wir werden heiraten, sobald ich mit dem Studium fertig bin.» Er hatte sogar gemeint, sie könne die Kinder der Arbeiter unterrichten, sie habe freie Hand, sich zu engagieren, er lasse ihr jeden Spielraum. Sein Heiratsantrag hatte ihr nicht die Sprache verschlagen, sie hatte ihn gut und richtig, ja, passend gefunden. Solange sie neben diesem gutaussehenden Jungen saß, war es ihr völlig normal vorgekommen, Pläne für eine Zukunft in Indien zu schmieden. Als sei es das Natürlichste der Welt. Zwei junge Menschen, die wie geschaffen waren füreinander. Solange sie neben ihm saß, kam es ihr vor, als gehöre sie zu diesem Fremden. Als gehöre sie zu jedem, der Besitzansprüche anmeldete. Erst kurz vor ihrem Ausstieg war ihr wieder eingefallen, dass sie schon verheiratet war, Mutter eines kleinen Jungen, eineinhalb Jahre alt, der zu Hause auf sie wartete.

Und jetzt flog sie zu diesem Jamal, der unverwundet schien und der ihr gut tat. Jedes Gespräch, jedes Telefonat mit ihm, brachte Licht und Wärme in ihre Düsternis. Und womöglich würde sie glücklich sein können in diesen Londoner Tagen und alles vergessen.

Das Foto seiner Familie, sie erinnerte sich an einen freundlich in die Kamera blickenden Vater, eine Mutter in eleganter Üppigkeit, Brüder, die allesamt wie Jamal aussahen, Schwestern, weiß gekleidete Dienerschaft, die Gruppe flankierend, sah das große Haus, fast ein Palast, Ausschnitte eines Gartens mit tropischer Vegetation – und sie sah sich selbst, die deutsche Schwiegertochter im goldglänzenden Sari, eine rote Hibiskus-Blüte im Haar, neben Jamal.

Ein schönes Paar! Und alle schienen mit ihnen zufrieden …

Seit ihren Teenagertagen kopierte Donata sich in fremde Leben, glitt in Tagträume wie in lauwarmes, seichtes Wasser.

Vor ein paar Jahren war die Visitenkarte, die Jamal ihr

damals zugesteckt hatte, aus einem Buchdeckel gefallen, und aus einer Laune heraus hatte sie in Assam angerufen. So war wieder ein Kontakt zustande gekommen. Jamal lebte jetzt in London. Telefonate folgten, ein kurzes Treffen in Hamburg. Jamal hatte sie sogar beruflich unterstützen können, Beziehungen spielen lassen, die ihr beim Aufbau der Generika-Sparte hilfreich waren.

Gegen Ende des Telefongesprächs, bei dem sie das heutige Treffen ausgemacht hatten, war Jamal noch einmal ins Philosophieren geraten.

«Das Auf und Ab, die Wellenbewegung, das ist doch die Dimension, in der sich Leben abspielt!», hatte er gesagt, und Donata sah eine riesige Welle auf sich zurollen, das Leben offenbar, eine Wasserwand.

«Das Andere, das ist außerhalb, das ist eine andere Sache», fuhr Jamal fort, und Donata hatte wissen wollen, was das sei, das Andere.

«Das Andere», antwortete Jamal, «das ist der Frieden!»

Als er das sagte, wurde das wilde Meer wie in einer Legende der Heiligen zahm, legte sich zu ihren Füßen nieder und leckte ihr die Knöchel. Alles war gut und in Ordnung.

Als sie aufgelegt hatte, lächelte Donata und dachte: Ich bin glücklich, weil ich mit Jamal gesprochen habe.

Hell und warm war es in ihr.

Sie beugte sich vor, um aus dem Fenster zu lugen – Englands Küste lag in strahlendem Sonnenschein.

Die Triebwerke wurden weiter gedrosselt, die Lehnen unter Donatas Ellenbogen vibrierten.

Die Lautsprecher knackten.

«Bitte schalten Sie Ihre Mobiltelefone jetzt wieder aus!»

Donata griff in ihre Tasche. Ihr Handy war die ganze Zeit ausgeschaltet gewesen.

Die Nachricht vom Tod ihres Mannes erreichte Donata in der Strickwarenabteilung von Harrod's, wo sie eine Wollmütze kaufte – das Gastspiel der Sonne war nämlich nur von kurzer Dauer gewesen. Gleich nach der Landung hatte es zu schneien begonnen.

Donata schaltete ihr Handy ein, um Jamal anzurufen.

Eine SMS von Antinos!

Im grellen Licht der Kaufhausgalerie waren die Worte auf dem Display nur mit Mühe zu entziffern. «Hallo, Donata, du hast aus mir einen Mörder gemacht!»

Donata hatte das Kaufhaus verlassen, ein Taxi herbei gewunken, alles wie in Trance, und war nach Heathrow gefahren. Erst als sie am Flughafen die Wagentür hinter sich zuschlug und dem Terminal zustrebte, begann sie richtig zu verstehen. Ihr Mann tot, ihr Geliebter sein Mörder. Das war jetzt die Wirklichkeit.

Sie starrte auf die Anzeigentafel. Departure. Milano. Kolkata. Washington D.C. Bangkok. Über die schwarze Fläche flatterte eine Schar verschreckter weißer Buchstaben. Dann war Kolkata an die oberste Stelle gerückt.

Sie hatte zurückgerufen, eine fremde Stimme war am Apparat gewesen, die Unglaubliches sagte. Großer Gott! Was wartete da zu Hause auf sie? Sie musste die Kinder anrufen. Hallo, hier ist Mama, etwas Schreckliches ist geschehen! Sie würde es gar nicht sagen können, die Stimme würde ihr versagen.

Wenn sie jetzt in einen Flieger nach Indien steigen könnte! Oder sich in die USA absetzen. Weit weg. Weg von allem, weg von dem, was man sich nicht vorstellen kann. Sich auch nicht vorstellen will. Ihr Mann tot. Ihr Geliebter im Gefängnis. Alles zusammengebrochen, nichts mehr, wie es war.

Ich bin jetzt eine Witwe, dachte sie, und die Kinder ohne Vater.

Witwe! Allein das Wort war ein Schock.

Wieder stoben die weißen Zeichen auf, es hörte sich an, als würden Feldhühner aus ihren Verstecken aufgescheucht.

Es war schrecklich heiß in der Halle, Donata schwitzte, hatte immer noch die Wollmütze über die Ohren gezogen. Sie nahm sie jetzt ab, öffnete den dunklen Wollmantel.

Sie hätte nicht zurückrufen, die SMS einfach ignorieren sollen. Ja, sie hätte das Telefon ausgeschaltet lassen sollen oder zumindest nicht reagieren, das Ganze als Spinnerei betrachten und nicht zur Kenntnis nehmen. Dann säße sie jetzt gemütlich mit Jamal in einem Pub, und alles wäre in Ordnung. Wenigstens für heute. Morgen wäre es früh genug für die Katastrophe gewesen. Tot ist tot, da kommt es auf einen Tag auch nicht mehr an. Es hätte gereicht, morgen mit allem konfrontiert zu werden.

Eigentlich hatte die Stimme sympathisch geklungen,

der Mann hatte wohl echtes Mitgefühl mit ihr. Sie spürte jetzt, wie ihre Augen sich mit Wasser füllten. Alles um sie verschwamm, versank.

«Excuse me, may I help you, M'am?»

Durch den Tränenschleier sah sie eine junge Frau mit roten Locken, die sie besorgt ansah.

«I'm alright! Thank you!»

«Okay», sagte die andere, «that's fine! Have a nice day!», sie wandte sich zum Gehen, und Donata sah, dass sie sich auf einen Gehstock stützte. Auf dem Rücken trug sie einen grün-gelb-blau karierten, großen Rucksack, und ihre ungebärdigen Locken, von einer Spange nur unzureichend gezähmt, hüpften bei jedem Schritt.

Sie hatte sich wieder gefasst. Sie würde ihren Ältesten bitten, es seiner Schwester beizubringen, sie konnte es ihr nicht selbst sagen, das Mädchen hatte immer so an seinem Vater gehangen.

Frau Großknecht? Sind Sie Frau Großknecht? Die Stimme hatte nicht unfreundlich geklungen. Angenehm. Sachlich. Ihr Mann ist tot!

Papa ist tot! Drei Worte. Die musste sie sagen. Das konnte man doch nicht simsen, diese drei Worte. Das waren drei nicht simsfähige Worte. Was, um Himmels willen, kam da auf sie zu?

Die Kontrolle des Handgepäcks, sie war jetzt an der Reihe, legte ihr Köfferchen auf das Band, es wurde geöffnet, eine Levi's Five-Pocket, eine schlichte weiße Jersey-Bluse, Wäsche, der Kontrolleur nahm die Slipper aus dem leinenen Schuhbeutel und inspizierte sie gründlich.

Mit den Plädoyers von Staatsanwaltschaft und Verteidigung schloss die Hauptverhandlung.

«Hohes Gericht, das hier ist der Ausgangspunkt für das Verbrechen – dieses Schriftstück tötet!»

Donatas Email an ihren Mann, in der steht: Ich liebe dich und werde dich nie verlassen.

«Naivität schützt nicht vor Strafe, das ist bekannt. Auch Realitätsverlust tut das nicht.»

Pause. Kein Räuspern im Saal. Donata wagte nicht, den Blick zu heben.

«Hohes Gericht! Um zu begreifen, was hier geschah und wie es zu dieser Tat kommen konnte, ist ein Perspektivenwechsel notwendig! Eine kleine Drehung ist es nur, aber sie eröffnet überraschende Erkenntnisse, eine neue Sicht auf die Dinge. Diese Tat war nämlich eine Beziehungstat, eine Tötungshandlung in der Intimpartnerschaft, auch wenn nicht Donata Großknecht, sondern ihr Mann ihr Opfer wurde!»

Wieder schwenkte die Anwältin triumphierend das Papier in der Luft.

«Es ging für Bruno Antino nicht darum, den Nebenbuhler aus dem Weg zu räumen. Es war kein heimtückischer Mord aus niedrigen Beweggründen. Es ging nicht mehr um Eifersucht. Der Angeklagte hatte gar keinen Nebenbuhler mehr! Er war nicht mehr eifersüchtig, er hatte ja keine Liebe mehr und keine Geliebte – er hatte nichts mehr! Vorbei war es mit allem. Alles war mit diesem Brief zu Ende! Und mit Lüge, Trug und Täuschung sollte es auch endlich vorbei sein!»

Donata sah zu dem Angeklagten hinüber, der den Ausführungen seiner Verteidigerin mit gespannter Aufmerksamkeit zuhörte. Wie fremd er ihr geworden war! Als seien die letzten Jahre einfach weggewischt.

«Worüber wir hier zu Gericht sitzen, war eine Affekttat! Diesem Delikt liegt eine Dynamik zugrunde, deren Handlungsimpuls sich auf den Intimpartner richtet. In diesem Fall verschob er sich, denn die treulose Geliebte befand sich ja schon über den Wolken, unterwegs zu einem neuen Abenteuer, einem neuen Lover und Ritter, auf dem Flug nach London! Das rettete ihr vermutlich das Leben. Und tötete ihren Mann.»

Es schien Donata, als rutschten ihre Sitznachbarn so weit wie möglich von ihr weg, auf die äußerste Stuhlkante. Als hätte sie die Krätze.

«Wir sind mit der klassischen Situation konfrontiert, die Tötungsdelikten unter Intimpartnern vorausgeht. Diese Situation ist gekennzeichnet durch hohe Emotionalität und das Gefühl, nichts mehr zu verlieren zu haben, da schon alles verloren ist, gekennzeichnet von ohnmächtiger Wut und einem Gefühl der Hilflosigkeit. Seit Menschengedenken lösen solche Affekte, solche Gefühle, die das Maß des Ertragbaren übersteigen, Tötungshandlungen aus. Im Buch Salomo, in Kapitel sieben, Vers 25, Prediger, sagt der Weise: Ich kehrte mein Herz, zu erfahren und zu erforschen und zu suchen Weisheit und Kunst, zu erfahren der Gottlosen Torheit und Irrtum der Tollen und fand, dass bitterer sei denn der Tod ein solches Weib, dessen Herz Netz und Strick ist und deren Hände Bande sind. Bitterer denn der

Tod, sagt er! Hohes Gericht! Ich beantrage hiermit, dass im Fall von Bruno Antino nach Paragraph 49 des Strafgesetzbuches besondere gesetzliche Milderungsgründe für die Beurteilung der Tat zur Anwendung kommen.»

Es musste die ganze Zeit geschneit haben, und es schneite immer noch.

Donata hatte die schwere Holztür des Seiteneingangs hinter sich zugezogen. Endlich konnte sie ihren Tränen freien Lauf lassen. Tränen der Empörung.

Diese arrogante Kuh, dieses Miststück! Was wollte die denn von ihr? Und der kleine, dicke Richter hatte sie über die randlosen Gläser seiner Brille hinweg angesehen, als habe sie den Zweiten Weltkrieg angezettelt! Und der Saaldiener – was erlaubte der sich denn, sie so anzuzischen! Servus, werte Dame! Die Tür hatte er nur einen winzigen Spalt weit geöffnet, sie konnte sich kaum hindurchquetschen. Nach Hause! Jetzt nur noch nach Hause!

Aber wo hatte sie ihr Auto geparkt?

Donatas Kopf war knallvoll von wütenden Sätzen. Wo ist das Auto? Sie konnte keinen klaren Gedanken fassen.

Wie war sie überhaupt zum Gericht gekommen?

Weißes Flirren vor ihren Augen.

Dann fiel ihr die Zugfahrt ein, das Gespräch, die Bekanntschaft, die sie geschlossen hatte, die CD, die ihr der Fremde gezeigt, die Songs, die er mit seiner eigenen Band aufgenommen hatte. Peter hieß er. Peter König aus Kirn.

Sie war froh, jetzt nicht Auto fahren zu müssen, nicht nur wegen des Schnees. Schnee! Mitte Oktober!

Sie nahm ihr Handy aus der Tasche. Zum Bahnhof würde sie ein Taxi nehmen. In den Zug steigen und dem Alptraum entrinnen. Gott sei Dank verkehrten die Züge im Stundentakt. Vielleicht hatte sie sogar noch Zeit, im Bahnhofscafé einen Espresso zu trinken, den könnte sie jetzt gut gebrauchen.

«Bitte einen Wagen zum Gericht!»

Die glatte Schneefläche vor dem Justizgebäude wurde von einem Fußpfad durchfurcht, der sich an der belebten Kreuzung auffächerte wie ein Palmwedel oder Federbusch.

«Entschuldigung …»

Ein Mann stand neben ihr, zog den Hut, lächelte.

Etwas Unterwürfiges, fast Hündisches, lag in seinem Lächeln, dem weichen Gesicht mit den feuchten Lippen.

«Entschuldigen Sie bitte, ich habe hier im Haus einen Termin, aber leider keine Uhr bei mir. Könnten Sie mir bitte die Uhrzeit sagen?»

Donata griff erneut nach ihrem Telefon und teilte dem Unbekannten mit, was auf dem Display stand.

«Danke. Fein, dann habe ich noch ein wenig Zeit, um die weiße Pracht zu bewundern. Es ist doch immer wieder beeindruckend, wie die Natur zaubern kann, und man wird doch jedes Jahr wieder zum Kind mit dem ersten Schnee! Finden Sie nicht auch?»

«Ja, schon», antwortete Donata zögernd, «nur ist man dann auch meist mit einem Schlitten auf vier Rädern zugange, und das ist weniger prickelnd!»

«Sie haben recht!», der Fremde lächelte. «allerdings kann ich die hiesigen Wege zu Fuß erledigen, zumindest heute! – Sind Sie mit dem Auto unterwegs? Wo müssen Sie denn hin?»

«Nach Idar-Oberstein. Ich fahre aber mit dem Zug, genauer gesagt, mit dem Taxi zum Bahnhof und dann mit dem Zug kurz vor zwölf! In gut einer Stunde bin ich zu Hause.»

Donata war dankbar für das belanglose Gespräch, das Interesse, das ihr entgegen gebracht wurde, die Ablenkung. Man plauderte, bis der bestellte Wagen vorfuhr, Donata die verschneiten Stufen hinab stieg und im Fond des Wagens Platz nahm.

Der Mann zog den Hut, Donata winkte ihm zu.

Es ging ihr jetzt schon viel besser, die kurze Unterhaltung hatte ihr gut getan. Ja, es gab eine Welt jenseits dieser schrecklichen Geschichte, es gab normales Leben und es gab Schnee, der alles sauber und weiß und schön machte – da hatte der Fremde Recht! Es gab eine Welt ohne Scham, ohne Wut und ohne dieses böse Zischen: Die hat ihren Mann auf dem Gewissen, ihren Mann und ihren Lover!

Sie spürte den Blick des Taxifahrers im Rückspiegel. Betont gleichgültig blickte sie in das Wirbeln der Schneeflocken, in die hübsche, mit einem weißen Polster bedeckte Stadt. Ab jetzt, das schwor sie sich, ab diesem Moment, gingen die Uhren wieder anders! Ab diesem Augenblick war die Zeit der Demütigung vorbei! Ab jetzt ging es aufwärts!

Unmittelbar nach dem Unglück hatte es jede Menge Anrufe und Besuche gegeben. Unter dem Deckmantel des

Mitgefühls steckte Neugier, in Wirklichkeit waren sie nur hinter Berichten aus erster Hand her, Einzelheiten, Kolorit. Als es nichts mehr Neues gab, als man sich ein Bild gemacht, genug hatte von der ganzen Geschichte, wurde es still. Heuchler, allesamt, dachte Donata.

Nachdem die hämischen Artikel in der Zeitung erschienen waren, klingelte das Telefon kaum mehr, und Besuche blieben ganz aus. Niemand stand mehr in der Tür und sagte: Ich war grad in der Nähe und wollte mal sehen, wie es dir geht! Wie der Schnee da draußen hatte sich Schweigen um sie herum aufgebreitet.

Vorbei, dachte Donata Großknecht. Das alles ist jetzt vorbei!

Der Taxifahrer schien einen teuren Duft zu verwenden, was war es? Le Male von Gaultier? Cacharel? Oder Black Code von Armani? Jedenfalls begann jetzt ein neues Leben, ein Leben ohne Erniedrigung. Der Prozess war vorbei.

Wie schön es war, in die verschneite Stadt zu sehen, im Schutz dieses Taxis, im Schutz des Mannes mit dem eleganten Parfüm, dessen Blick sie jetzt auffing und erwiderte.

Zu Hause ließ sie Wasser in die Badewanne einlaufen. Ein heißes Bad wirkte Wunder. Wie neugeboren fühlte man sich nach einem heißen Bad, sauber und weich und duftend.

Sie legte den Kopf in den Schaum und lächelte.

Die Ebernburg. Eine wunderbare Kulisse, auch vom

umgeklappten Taxisitz aus. Zumindest in der Vorstellung. Wegen der beschlagenen Scheiben hatte sie natürlich nichts von dem romantischen Hintergrund sehen können.

Es hatte nichts gemacht, dass man die Burg nicht sah, und die beschlagenen Fenster hatten immerhin auch vor neugierigen Blicken geschützt. Wobei allerdings kaum mit Spaziergängern zu rechnen gewesen war, bei diesem Wetter.

Sie hatte sich nicht von Said nach Hause bringen lassen, sie hatte darauf bestanden, mit dem Zug zu fahren. Sie wollte anonym bleiben. War nicht auch das romantisch, in einem Taxi, anonym, von der Leichtigkeit des Augenblicks getragen? Alles was ohne Komplikationen ablief, konnte romantisch sein!

Said hatte sich bei der Zentrale abgemeldet und, statt gleich zum Bahnhof, war er mit ihr das einsame, verschneite Burgsträßchen hochgefahren. Sie gestand sich ein, bei dem Gedanken an den Essigkönig Genugtuung verspürt zu haben. Der König saß hinter Gittern, und sie konnte tun und lassen, was sie wollte. Mit Said Sex haben, während er dort unten eingebunkert war.

Als das Auto sich durch den Schnee nach oben kämpfte, hatte sie an die Wandertour im Herbst letzten Jahres gedacht. Wie sie den schmalen Pfad an der Kante des Rotenfels entlang gegangen waren, wie es wegen irgendetwas Streit gegeben hatte. Dieses gefährliche Grinsen, mit dem er sich zu ihr umwandte. So nah am Abgrund, auf dieser der Felswand von über zweihundert Metern, war ihr auf einmal ganz komisch geworden. Obwohl natürlich schon zwanzig Meter genügten, um jemanden aus dem Weg zu räumen.

Sie lauschte auf das feine Wispern des Schaums, ein Geräusch, das sie liebte. Sogar zehn Meter reichten, dachte sie. Aber es war ganz unheimlich gewesen am Rotenfels. Gar nicht weit von jener Stelle hatte sie gestanden.

Ein kleines Abenteuer.

Said! Es wäre kein Problem, ihn wiederzufinden, wenn sie das wollte. Aber warum das nette Erlebnis durch ernüchternde Wiederholungen entzaubern?

Donata drehte den Heißwasserhahn auf, ließ Wärme zulaufen, bewegte die Hand im Wasser, damit Wellen ihre Knie umspülten, das war angenehm. Sie dachte an die Zärtlichkeiten, dachte daran, wie jung sie sich gefühlt hatte. Im Auto vögeln wie damals, als sie noch im Hunsrück bei den Großeltern lebte, mit fauchendem Heizungsgebläse und Dudelmusik. Auf versteckten Stellplätzen im Soonwald. Sie war frei. Niemand konnte ihr Vorschriften machen. Und diese Hexe in der schwarzen Kutte, diese Giftspritze, die sie fertig machen, sie zum Abschuss freigeben wollte, die konnte ihr gestohlen bleiben.

Alles war vorbei!

Während der Verhandlung hatte er sie nicht ein einziges Mal angesehen, der Verbrecher. Interessiert und zugleich irgendwie unbeteiligt, als verfolge er eine spannende Darbietung, hatte er den Ausführungen seiner Anwältin zugehört.

Am Abend ging sie in das einzige Kino des Städtchens. Sie hatte die Wahl zwischen einem neuen Fantasy-Thriller, der im Hauptsaal gezeigt wurde, und einem Musikfilm in der Retro-Reihe.

Fantasy fand sie langweilig, doch «Chicago», der Musikfilm, hatte sechs Oscars erhalten und versprach schmissige Songs und ein Happy End. Das schien ihr zu diesem Tag zu passen. Und außerdem spielte Richard Gere mit, ihr absoluter Traummann. Niemals würde sie einen traurigen Film ansehen, traurige Filme waren nichts für sie. Sie würde auch nie ein trauriges Buch lesen, warum sollte sie? Das machte doch gar keinen Sinn!

Außer ihr befanden sich drei weitere Personen in dem kleinen Vorführungssaal, ein Paar mittleren Alters und ein alter Mann, der den ganzen Film verschlief. An den leiseren Stellen war hin und wieder sein Schnarchen zu hören. Aber so viele leise Stellen gab es nicht. Die Musik war für Donatas Geschmack zu knallig und das ganze Arrangement zu grell. Der Film war eine Enttäuschung. Vor allem fand sie die Handlung irgendwie peinlich, sie erinnerte sie zu sehr an ihre eigene Geschichte. Nur Richard hielt, was er versprach. Er blieb der einzige Trost und entschädigte für alles andere.

Als das Licht wieder anging, schlief der Alte immer noch. Die beiden anderen waren schon gegangen. Donata berührte ihn leicht am Arm, aber er wachte nicht auf, also ließ sie ihn, wo er war, das Personal würde sich schon um ihn kümmern.

Auf der Straße stellte sie fest, dass sie ihr Handy verloren hatte. Also kehrte sie ins Kino zurück. Der Alte war verschwunden. Sie durchsuchte den kleinen Vorführraum, das Telefon war nirgends zu finden, und so hinterließ sie ihre Festnetznummer mit der Bitte um Benachrichtigung.

Der Schnee war in Matsch übergegangen, der an den Füßen saugte und schmatzte. Trotz der Kälte saßen Penner an der Bushaltestelle und tranken Bier.

Ihre Stimmung war im Keller, der Film ein Fiasko, das Handy weg und sie mutterseelenallein. Außerdem fror sie. *I move on* – das war der Abschluss-Song des Films gewesen. *I move on* – was blieb ihr auch anderes übrig?

In der Nacht fiel die Heizung aus, und am Morgen war es kalt im Haus. Im Flur lagen zwei komplette Taubenflügel und ein paar graue Federn, mehr hatte die Katze nicht übrig gelassen.

Donata telefonierte mit dem Heizungsinstallateur.

Es war nicht einfach, den Techniker dazu zu bewegen, samstags morgens Kundschaft aufzusuchen. Aber schließlich versprach er vorbeizukommen.

Die Taubenflügel warf sie in den Biomüll. Die Federchen sammelte sie ein und legte sie in eine Schachtel.

Sie hätte gerne mit jemandem gesprochen, jemanden angerufen. Aber sie wusste nicht wen. Jamal war auf einer Geschäftsreise in Asien, war überhaupt viel auf Reisen in letzter Zeit, sie hatte schon monatelang nichts mehr von ihm gehört.

Der Monteur kam wie versprochen am Mittag und machte sich an der Therme zu schaffen. Er stellte eine Störung der elektronischen Regelung fest und behob den Fehler.

Kurze Zeit später war es wieder warm im Haus.

Sie schob eine Fertigpizza in den Backofen und stellte sich ans Fenster.

Das Haus war zu groß und zu leer und lastete auf ihr. Ich werde es verkaufen, dachte Donata, und dann irgendwohin gehen, wo niemand mich kennt.

Am Nachmittag läutete das Telefon.

Sie nahm den Hörer ab.

«Großknecht.»

«Ich bin im Besitz Ihres Handys, Frau Großknecht, und möchte es Ihnen gern zurückgeben.»

«Oh», sagte Donata, «haben Sie es also gefunden?»

«Ja», sagte der Mann. «Es hat sich wieder gefunden.»

«Im Kino?»

«So ist es!», antwortete der Mann.

«Liegt es an der Kasse? Ab wann ist jemand da?»

«Ich werde um achtzehn Uhr da sein!»

Als sie das Kinofoyer betrat, erkannte sie den Mann sofort. Es war der Fremde, mit dem sie gestern vor dem Gericht gesprochen hatte.

Etwas an seinem Lächeln zog sie an und stieß sie zugleich ab.

«Wie wäre es mit dem Herrn der Ringe? Kommen Sie, ich habe schon Karten, ich hole uns einen Sekt und beantworte alle Ihre Fragen.»

Die junge Frau hinter der Verkaufstheke wirkte verschlafen. Ein Rillenmuster hatte sich in ihre Wange gedrückt, wahrscheinlich von einem Polsterbezug oder einem Strickärmel.

«Ich muss mich für meine Unverschämtheit entschuldigen», sagte der Mann, «ich habe Sie ja sozusagen gekapert! Aber es musste sein!»

«Wieso gekapert?», antwortete Donata schnippisch.

«Vielleicht in die Falle gelockt! Aber gekapert noch lange nicht! Aber wo haben Sie denn mein Handy her?»

Der Mann legte den Zeigefinger auf die feuchten Lippen, beugte sich zu ihr und flüsterte verschwörerisch:

«Es ist ein Piratengeheimnis, man darf es nicht verraten!»

Donata lachte. Das Gurren kam wie von selbst aus ihrer Kehle, sie musste sich gar nicht anstrengen.

Ein Freibeuter, dachte sie, ein Draufgänger. Immerhin einfallsreich, der Knabe!

Der Mann zog das Handy aus seiner Brusttasche und legte es auf die Theke.

«Ein reuiger Kleptomane legt sein Schicksal in Ihre Hände.»

«Haben Sie es mir geklaut?»

«Wo denken Sie hin – Sie haben es verloren! Vor Justitias verbundenen Augen! Wahrscheinlich ist es Ihnen aus der Tasche gefallen. Aber das wäre viel zu profan – betrachten Sie mich lieber als Dieb aus Leidenschaft! – Gestatten Sie, mein Name ist Osten! Manfred Osten! Geheimagent im Dienste Ihrer Majestät!»

Aus Donatas Hals rollte Lachen, ihre Lippen rundeten sich.

Prickeln in der Bauchgegend.

«Im Ernst, ich würde eine Menge verbotener Dinge

tun», Osten hatte auf Raunen umgestellt, «um Ihre Bekanntschaft zu machen!»

«Gut», sagte sie und prostete ihm zu, «wir können uns den Herrn der Ringe ansehen!»

«Darf ich reinkommen?»

Der Mann vor ihrer Tür lächelte.

Dann erkannte Donata ihn. Manfred, ach ja. Wie hatte er sie gefunden, hier, in Düsseldorf, weit weg von ihrem alten Leben?

Donata nickte, trat einen Schritt zurück, um ihn einzulassen, und sagte schwach:

«Was für eine Überraschung!»

«Du siehst bezaubernd aus!», erklärte der Besucher und ließ seinen Blick prüfend über ihre Gestalt gleiten.

«Danke», erwiderte Donata kühl, «du auch! – Darf ich dir etwas anbieten? Einen Kaffee vielleicht?»

«Ja, ein Kaffee wäre nicht schlecht, den nehme ich sehr gerne!»

Während Donata in der offenen Küche hantierte, sah Manfred Osten sich um. Aufmerksam betrachtete er die Einrichtung und was an der Wand hing.

«Die Lust der Seraphim», rief Donata ihm zu, als sie ihn vor einem Bild stehen sah.

«Ah!»

Mit zur Seite geneigtem Kopf studierte er den abstrakten Siebdruck, ein Farbverlauf, ein sich intensivierendes Rot.

«Die Lust der Seraphim», wiederholte er.

Dann ging er zu Donata hinüber.

Sie spürte seinen Blick in ihrem Rücken.

«Es hat sich wie ein Traum angefühlt», sagte er.

Donata drehte sich nicht um.

«Ein Aufleuchten. Und ein Verglühen. Viel zu kurz.»

Als er ohne Antwort blieb, wandte er sich wieder um, schlenderte durch das Wohnzimmer zur offenen Balkontür und trat in die milde Frühlingsluft hinaus.

Donata stellte das Tablett mit dem Geschirr auf den Balkontisch. «Zucker und Milch?»

«Schwarz», erwiderte Osten. «Wie meine Seele! Danke!»

Als er sie in die Arme nahm, ließ sie es geschehen.

«Mein Täubchen», sagte Manfred Osten.

Dann lagen sie nebeneinander im halb möblierten Schlafzimmer, in dem es außer dem Bett nur Kisten, Regalbretter und einen überladenen Kleiderständer gab.

«Stell dir mal einen Himmel vor!», sagte Manfred Osten. «Weit und groß. Himmel über dir und unter dir das Meer.»

«Ich bin kein Seemann!», sagte Donata, «und keine Seemannsbraut! Aber demnächst gehe ich über den Kanal, nach England, als Klinikreferentin.»

«Also immer hart am Wind», sagte Manfred Osten. «Ist Land in Sicht? Hoffnung für uns beide?»

Doch noch bevor Donata antworten konnte, war der Freibeuter eingeschlafen, und ein friedlicher Schnarcher entfloh seinen feuchten Lippen.

Amerika, Amerika!
(1959)

«Hello, Mister Clark!»

Charlet löst sich von der Bar und hakt sich bei dem neuen Gast unter.

Major Clark taucht nur dann zu dieser Uhrzeit im ‚Heaven' auf, wenn seine Frau und die Kinder auf Urlaub in Idaho sind. Oder wenn er schon was intus hat, wie jetzt offenbar.

Charlet geleitet ihn zu einem Tischchen. Kaum haben sie Platz genommen, spürt Charlet die Hand des Officers auf ihrem Bein, auf dem Schenkel, sich streichelnd nach oben vortastend. Männer wie er haben gelernt, dass starke Ziele Flügel verleihen, so etwas lernt man bei der Army, vor allem bei der Air Force. Und Major Clark ist bei der Air Force. Eindeutig verfolgt er ein starkes Ziel. Doch Charlet ergreift seine beflügelte Hand und legt sie auf ihr Knie zurück, zurück auf Start.

«Oh Darling», gurrt sie mit einem vielsagenden Blick zu den anderen Tischen, «was denken die Leute?!»

Allerdings nimmt an den anderen Tischen niemand Notiz von ihr und dem Major. Denn auch dort sind die GIs auf der Suche nach Körperwärme.

Der Major, der sich als gutherzigen und geduldigen Mann betrachtet, seufzt. Seit Wochen lässt er sich hinhalten und vertrösten. Und wird ausgenommen, und garantiert nährt er kleine schäbige Gedanken in seiner Brust. Warte nur, du kleines Luder, ich krieg' dich schon und dann zeig' ich's dir! Ich lasse mich nicht ewig zum Narren halten!

Charlet weiß verdammt gut, dass er sie für ein Miststück hält, dass er Freunde vorschickt, die sie testen sollen, ob sie es für Geld macht. Die haben ihm allerdings bestätigt, dass sie nicht so eine ist. Und auch das wird einen Seufzer wert gewesen sein. Und es macht ihn erst recht kirre. Er ist verrückt nach ihr, warum um Himmels willen? Auch die anderen Mädchen sind hübsch. Doch er lässt sich nur von ihr ausnehmen, was ihn bestimmt wütend macht, er ist schließlich kein Truthahn an Thanksgiving. Wütend und wehrlos ist er, der Officer, da ist Vorsicht angebracht. Und Charlet ist vorsichtig.

«Oh Darling», sie stoppt die Hand an der kritischen Stelle, «later, Darling, later!»

Sich willig geben und doch Abstand schaffen! Charlet entwindet sich der Umarmung, das Make-up muss erneuert, die Frisur gerichtet werden.

Sie verschwindet in Richtung der Toiletten.

Der Major steckt sich eine Zigarette an und bestellt noch einen Whisky, den wievielten weiß er nicht, er hat nicht mitgezählt. Auch die Sektflasche im Eiskübel ist leer, und als Charlet zurückkehrt, winkt er nach einer neuen. Dass Charlet immer wieder heimlich ihr Glas ins Eis kippt, hat er nicht mitbekommen. Die neue Flasche mit blütenweißer Serviettenkrause in einem frisch mit Eis befüllten Sektkübel.

«Oh, my Captain, I like it, it makes me ... wild!»

Mit dem angeblichen Krimsekt steigt die Rechnung auf fast fünfhundert Mark, kein Pappenstiel, auch für einen Offizier der Air Force nicht, auch wenn der Dollar mehr als vier Mark wert ist.

Die Fummeleien verlieren an Elan, der Major ist müde geworden, die Ziele werden diffus. Im warmen, freundlichen Nest versinken, er streichelt die Haut zwischen Strumpf und Schlüpferspitze mit erlahmtem Flügelschlag. Seine Lippen suchen Charlets Mund, was seine Zunge in Charlets Mundhöhle sucht, bleibt unklar, irgendeine Belohnung wahrscheinlich, eine Gegenleistung für die fünfhundert Eier. Allmählich sackt der ganze Mann in sich zusammen, und als gegen Mitternacht die Band aus Frankfurt eintrifft, ist er schon im Taxi zu seiner Housing Area unterwegs. Schließlich hat er anderntags Dienst.

Stampfende, schweißtreibende Rhythmen.

Diskokugeln blitzen im blauen Dunst des Dance Floor. Das ‚Heaven' ist jetzt rappelvoll.

Am Tresen rutscht einer vom Barhocker und schläft auf dem Dielenboden weiter. Im hinteren Teil des Lokals fliegen Gläser, vielleicht auch Stühle. Um diese Uhrzeit ist eine Schlägerei nichts Besonderes und beunruhigt weder die Mädchen noch die Gäste. In Kürze wird die Military Police eintreffen und die Raufbolde einsammeln. Ein, zwei Stunden später packt die Band die Instrumente ein.

Nathan, der Geschäftsführer, ruft:

«It's closing time!»

Motoren werden angelassen. Ein letztes Hupkonzert. Fahruntüchtige werden in Taxis bugsiert.

Als es wieder still ist, hört Charlet zaghaftes, versuchsweises Gezwitscher. Es ist noch dunkel. Es riecht nach

Pferden und Kühen, nach Erde, dem Aufbrechen der Scholle im Frühjahr. Im Herbst, als sie hier mit der Arbeit anfing, hatte es frühmorgens oft brandig gerochen, der Rauch der Kartoffelfeuer hielt sich lange. Doch jetzt ist die Luft klar und voll Zukunft.

Bedienung für Cafés in amerikanischer Garnisonsstadt gesucht – auch Anfängerin. Unterkunft im Haus (sehr komfortabel).

Die Anzeige lockte Mädchen aus allen Himmelsrichtungen ins alte Bauernland im Westrich, dem Rest, was vom fränkischen Westreich übrig geblieben war. Sie kamen aus Österreich und der Schweiz, aus Holland und aus der Umgebung, und sie kamen in Scharen. Quirlige Weibchen. Genau das, was die GIs brauchten: *nice company*, nette Gesellschaft. Außerhalb der Dörfer, oft mitten auf dem freien Feld, sind Tanzschuppen aus der Erde gewachsen, in denen ‚Someone to hold at a moment like this' aus der Juke-Box dröhnt. Vor allem Songs von Paul Anka, ihn hören die Mädchen rund um die Uhr, schon zum ersten Kaffee, der ersten Zigarette, noch bevor die Nägel gefeilt sind. Aber auch ‚Born to be with you' von den Chordettes lieben sie. Und Elvis, natürlich.

Das ‚Heaven' ist kein Bordell, im ‚Heaven' wird nicht gevögelt, ein Mann auf dem Zimmer bedeutet den Rausschmiss. Die Geschäftsleute aus Kaiserslautern, Saarbrücken, Kusel und Baumholder, die Beamten aus Birkenfeld und Ottweiler und die Schmuckhändler aus

Idar-Oberstein, die hier ihr Geld investiert haben, achten auf Seriosität. Ihr guter Ruf steht auf dem Spiel. Aber was die Mädchen in ihrer Freizeit treiben, geht niemand etwas an, das ist ihre Privatsache.

Es ist das Jahr 1959.

Wenn man eine Münze in die Wurlitzer mit den Heckflossen und Rücklichtern wirft und eine der roten Tasten drückt, beginnt es hinter den Panoramascheiben zu rumoren. Wenn eines der Mädchen ihr Lieblingslied wieder und wieder drückt, maulen die anderen, man möchte schließlich auch mal Bill Haley hören oder sonst wen. Aber Marotten werden gutmütig hingenommen. ‚Put your head on my shoulder'. Die Music-Box läuft den ganzen Tag. Auch deutsche Schlager, aber eher selten. ‚Brennend heißer Wüstensand' oder ‚Ein Schiff wird kommen'. Bis am Nachmittag die ersten Gäste – Earl, Jeff, John, Bill, Jim und wie sie alle heißen, die an ihrem freien Tag der Kaserne entfliehen wollen – auftauchen, sind die Fingernägel makellos frisch lackiert. Das ist ein Muss. Auch ein fröhliches Naturell ist unverzichtbar. Ein paar Brocken Englisch schaden nicht. Susi, Sylvy, Rosy, Liz, Moni, Charlet und all die anderen Girls in den umgebauten Scheunen sind fröhlich. Und sie duften gut, nach *Intimate*, dem Parfüm aus dem PX. Den begehrten Duft bringen die Boyfriends, die Stammgäste, als Brautgabe mit, wenn sie – immer ein bisschen unsicher – am Nachmittag ins ‚Heaven' poltern.

Amiflittchen werden die Mädchen im Dorf genannt. In der Zeitung ist von *Fräuleins* die Rede. Wenn die

Amiflittchen auf dem Weg zum Friseur oder ins VIVO über die Dorfstraße stöckeln, bekommen die Bauernsöhne feuchte Hände und Anregung für ihre nächtlichen Fantasien, und die Landfrauen werfen Blicke bitterer Verachtung. Der VIVO hat sein Sortiment um teure Kosmetik- und Luxusartikel erweitert.

‚I'm just a lonely boy, lonely and blue'. Die GIs spendieren Cola-Cognac und Tom Collins. Auch andere klebrige Longdrinks werden mit glasierter Kirsche und buntem Strohhalm serviert. So gut wie kein Tropfen Alkohol ist drin, und sie kosten acht Mark. Davon werden den Mädchen drei Mark gut geschrieben. Die Jungs selbst trinken Bier und nur an Payday mal einen Bourbon oder Scotch.

«Hmmmm, schmeckt klasse!», schwärmen Susi und Moni und Charlet, die eigentlich ganz anders heißen – Adelheid und Sigrun oder Krimhild. Sie kichern, geben sich beschwipst, als sei ihnen die Brause zu Kopf gestiegen, geben sich willig: Die Jungs bei der Stange halten, darauf kommt alles an. Verhindern, dass einer plötzlich die Rechnung verlangt und abhaut, womöglich zur Konkurrenz, wo er vielleicht mehr für sein Geld bekommt. Ein Küsschen dürfen sich der Corporal, Sergeant oder der Major schon mal holen, auch kurz an die Brust fassen. Aber nicht mehr. Nicht heute. Morgen. Not here, Darling …

Vielleicht ist eine Spur gekränkter Eitelkeit im Spiel, wenn die Kolleginnen abfällige Bemerkungen über den Mann in den teuren Hemden machen. Denn der wimmelt sie immer ab, will nur mit Charlet zu tun haben. Setzt sich ein anderes Mädchen zu ihm, spendiert er einen Drink, bittet aber höflich um Nachsicht, er sei müde und nicht zum Reden aufgelegt. Als rede er nicht mit Charlet!

Jede Woche taucht er jetzt im ‚Heaven' auf.

«Ein merkwürdiger Kerl, Charlet! Was will der eigentlich?»

Jede kennt Geschichten von Perversen, von Vornehmtuern, die Schlimmes im Schilde führen. Besorgte Gesichter.

«Verknall' dich bloß nicht in so einen!»

Lachend wischt Charlet Bedenken beiseite.

«Ich hab' doch meinen Ronny!»

Ronny von der Airbase. Ronny von der Airbase – das heißt Schutz, das heißt Zukunft. Eine Zukunft in Amerika.

Wenn Charlet mit Ronny spazieren fährt, ist Amerika ganz nah. Wenn sie im weißen Schlitten mit roten Heckflossen durch die Dörfer fahren, bleiben die Leute stehen und sehen ihnen nach. Dann hat die Zukunft schon begonnen. Die Kinder johlen und laufen dem Chevvy bis zum Ortsausgang hinterher, wo Ronny Gas gibt und Charlet sich umdreht und ihnen zum Abschied winkt.

Die Airbase, der Chevvy, Ronny, der Pilot.

«I love you so much, Ronny!», sagt Charlet und krault ihm den Nacken. Das Glück in Florida. Dort ist Ronny zu Hause, dort werden sie wohnen, vielleicht. Wenn sie nach Amerika geht, mit Ronny. Die Knautschstimme des AFN-Sprechers im Autoradio, der ein Gewinnspiel ankündigt. Für die ersten fünf Anrufer mit der richtigen Antwort gibt es zwei Nächte zu zweit «at the Edelweiss-Lodge and Resort», herrlich!

Die weichen Satzklumpen.

«My darling, I‘m so happy ...», Charlet krault weiter, der Sprecher erläutert das unbekannte Land und gesteht, wie schwierig es ist, hier Fuß zu fassen, weshalb es in Ramstein ein Family Readiness Center gibt «that offers the *What-Is-What-Tour*, a chance for newcomers».

Die kleine Broschüre, kostenlos, um sich mit deutschen Gepflogenheiten vertraut zu machen.

Charlet verweist also auf Ronny, wenn die anderen Mädchen vor dem Deutschen warnen, der zu alt für den Laden ist, zu elegant, zu undurchsichtig. Außerdem ist er im Vergleich zu muskulösen Football-, Baseball- und Basketballspielern, die im ‚Heaven‘ verkehren, geradezu peinlich schmächtig. Es sei ihnen schon unangenehm, ihn anzusehen. Und dann noch dieser katzenhafte Gang.

«Mir wäre nicht wohl in deiner Haut», sagen sie zu Charlet.

Charlet zuckt die Schultern. Auch sie hat keine Ahnung, was der Typ hier will. Nice company? Nein! Was also?

Bei Nathan bestellt der Deutsche exotische Drinks, von denen Charlet noch nie gehört hat. Nathan ist Barkeeper und Geschäftsführer in einer Person. Dem Deutschen gegenüber gibt er sich zahm wie ein Lämmchen, obwohl er das gar nicht ist. Alle hier wissen das. Doch wenn der Deutsche auftaucht, wird der alte Wadenbeißer zum Schoßhund.

«Nathan», ruft der Deutsche, Charlets Glas anhebend, «noch mal das Gleiche! Mit viel Eis! Und vergessen Sie die Limette nicht!»

Er selbst trinkt den *Drambuie* mit Ginger Ale.

«Wer die schottische Seele sucht, findet sie im Drambuie», erklärt er lächelnd.

«Die schottischen Seelensucher kriegen bestimmt nie einen Schnupfen», entgegnet Charlet, und der Mann lacht laut.

«Du meinst, es schmeckt nach Medizin?»

Charlet spielt gezierte Vornehmheit, neigt das Köpfchen, markiert wohlerzogene Zurückhaltung, eine kleine schauspielerische Einlage.

«Ein richtig gesunder Abend ist sicher auch nicht verkehrt», sagt sie, «und deshalb rauch' ich jetzt eine Menthol.»

Sie fischt eine Zigarette mit weißem Filter aus dem Kroko-Etui. Mentholzigaretten helfen, sich frisch zu fühlen.

Eugen, der Deutsche, gibt ihr Feuer.

«Ich versteh' schon», sagt er, «du willst einen anderen Trank, einen, der Träume erfüllt.»

Charlet bläst den Rauch schnippisch in seine Richtung, und schenkt ihm dann ihr extra-liebes Lächeln.

«Hätte ich nichts dagegen – solange es kein Alptraum ist, der in Erfüllung geht.»

«Hast du Alpträume?»

«Nicht dass ich wüsste. Eigentlich schlummere ich wie ein Baby.»

Seine Hand liegt auf der ihren, ruhig, beschützend.

«Man hört, dass dein Freund es nicht gerne sieht, wenn du dir von anderen Männern Drinks spendieren lässt.»

«So? Das hört man? Wo hört man das denn?»

Sie entzieht ihm ihre Hand.

«Die Spatzen pfeifen es von den Dächern.»

Verärgert wirft Charlet einen Blick zu Nathan hinüber, garantiert hat der Mistkerl geplaudert!

Es stimmt allerdings: Ronny ist eifersüchtig. Und kann ungemütlich werden, wenn er eifersüchtig ist. Es ist schon vorgekommen, dass er sie an den Haaren auf die Straße gezerrt und ins Auto verfrachtet hat. Einmal hat er sie einfach vom Barhocker gehoben und über die Schulter geworfen und fortgetragen. Wie einen Sack Zement. In gewisser Weise kann sie Ronny verstehen. Ein Job wie der ihre konnte Kerle wie ihn schon verrückt machen. Allerdings häufen sich seine Anfälle, und vor einer Woche hat er ausgerechnet an Payday eine Szene gemacht, an Payday! Wo man in wenigen Stunden richtig Asche machen kann. Fast wäre es zwischen Ronny und Nathan zu Handgreiflichkeiten gekommen. Nathan hatte herumgebrüllt, Charlet habe einen Arbeitsvertrag! Das stimmte zwar nicht, aber Charlet hatte nicht widersprochen. Am Ende warf Ronny eine Handvoll größerer Dollarscheine auf den Tresen, wovon ein paar auf dem Boden landeten, und zerrte Charlet am Arm nach draußen. «Schluss! Aus! Ende!», kreischte Nathan und sammelte die Scheine auf. Doch am nächsten Tag, als Charlet ins ‚Heaven' zurückkehrte, tat er, als sei nichts gewesen.

Er werde sie aus dem Schuppen herausholen, hatte Ronny geschworen.

Doch will sie das überhaupt? Sie ist sich da nicht sicher, behält das aber für sich. Im ‚Heaven' fehlt es an nichts. Das Zimmer ist groß und hell, das Etagenbad modern und mit einer schicken Rundbadewanne ausgestattet, und die Kolleginnen sind in Ordnung. Vielleicht wäre sie ohne Ronny sogar besser dran. Vielleicht aber auch nicht. Wer weiß das schon. Jedenfalls verdient man gut, und der Job ist nicht schwer, ja, macht sogar Spaß. Noch ein oder zwei Jahre kann das ruhig so weitergehen, dann ist immer noch Zeit für die Staaten. Vielleicht ist die Zeit hier die beste in ihrem Leben. Was Charlet genau weiß: Es ist die beste in ihrem bisherigen Leben. Besser als im Heim allemal.

«Eine Mulata Daiquiri für Charlet», korrigiert Eugen die Bestellung, «mit dem Drambuie versuchen wir es wieder im Herbst, wenn die Grippe kommt.»

Sie lachen.

Er zählt die Zutaten der *Mulata* auf – Rum, Crème de Cacao, Limette und weißer Rohrzucker.

«Plus eine Barschaufel Crushed Ice. Also keine Angst», er zwinkert ihr zu, «ist nur wenig gesund.»

Charlet bewundert seine Kenntnisse. Erkundigt sich, woher er das alles wisse.

«Ich war selbst mal Barkeeper, in Havanna, Ende der Dreißiger Jahre.»

«Havanna!», Charlet ist beeindruckt, «oh, Eugen, wie kommt man denn nach Havanna?!»

Der Deutsche wirft einen Blick zu Nathan hinüber, der mit dem Shaker hantiert.

«Ein Jude kommt überall hin, nach Havanna oder in die Hölle von Auschwitz, das solltest du eigentlich wissen!»

Charlet spürt, wie sie rot wird, und senkt den Blick.

«Ist schon gut», er kehrt zu dem Plauderton zurück, der normalerweise zwischen ihnen herrscht, «für mich war es eine gute Zeit in Havanna. Ich stand mit Constantino Ribalaigua hinter der Bar, zwei Jahre lang, von '39 bis '41. Constantino war ein Genie! Der hat übrigens auch die *Mulata Daiquiri* erfunden. Und unzählige andere Drinks, im *El Floridita.*»

Er habe sich eine Menge bei Constantino abgeschaut.

Das Getränk wird serviert, Charlet kostet.

«Genau mein Geschmack, schmeckt wirklich fantastisch!»

Diesmal stimmt es sogar.

Zum Abschied wird sie auf den Mundwinkel geküsst, und als Eugen lässig die Jungs von der Army wie ein klobiges Hindernis umrundet, fragt auch Charlet sich, was dieser Mensch hier wohl suchen mag.

«A geh, Bub, jetzt nimm's doch nicht so schwer! Es war doch nur eine Nacht!», tröstet Susi, so gut sie kann. Doch Bobby, der blutjunge GI aus Nebraska, der noch viel zu jung für einen Highschool-Abschluss aussieht, wischt sich die Tränen mit dem Handrücken weg. Den Kopf tief gesenkt, ist er jetzt der einsamste Mensch auf der Welt. Das kommt öfter vor, dass sich so ein halbes Kind in eines der Mädchen verliebt, und dann liegt die Kunst darin, behutsam Abstand zu schaffen.

«Tschapperl, schau», sagt Susi aus Oberbayern, «das Leben fängt doch erst an, nimm's nicht so tragisch!»

Der arme Bobby! Charlet hätte ihn am liebsten in die Arme genommen. Aber sie hat keine Zeit. Major Clark ist aufgetaucht.

Mit Ronny zum Drive-In-Theatre nach Ramstein. Ronny hat ein freies Wochenende. Charlet hat sich fest vorgenommen, keine Unstimmigkeiten aufkommen zu lassen, es soll ein gemütliches Zusammensein werden, im Autokino und in den anderen freien Stunden.

Yul Brynner und Deborah Kerr in den Hauptrollen, das kann nur gut werden. Der Platzanweiser reicht ihnen den kleinen Lautsprecher ins Auto und Ronny kauft Popcorn, Chips und Bier. Einfach nur *wonderful.*

Der Motor wird abgeschaltet, und bis der MGM-Löwe brüllt, flimmert Werbung über die Leinwand. Von dem Film selbst, einem Musical-Film, der am chinesischen Kaiserhof spielt, bekommt Charlet am Ende nicht sehr viel mit, auf der Kunstledersitzbank des Chevvy mit den roten Flossen findet eine Probe für einen anderen Film statt, er könnte «Eine Liebe in Florida» heißen. Oder so ähnlich. Erst als sich die Fernost-Romanze dem Happy-End nähert, schenkt Charlet dem Geschehen auf der Leinwand wieder mehr Beachtung.

«Zwanzig Jahre», sagt Eugen unvermittelt.

«Zwanzig Jahre – was?»

«Seit meiner Ankunft in Havanna.»

«Ah», Charlet weiß nicht recht, worauf das hinaus soll, und etwas hilflos fügt sie hinzu, zwanzig Jahre, das sei eine lange Zeit.

Sie greift nach einer neuen Zigarette.

Eugen lächelt herablassend und zückt sein Feuerzeug.

Charlet inhaliert tief. Arroganter Schnösel, denkt sie, was willst du hier überhaupt? Und warum schmeißt du das Geld ohne jede Gegenleistung aus dem Fenster? Die Sache ist rätselhaft.

«Im März werde ich einundzwanzig», sagt Charlet, als habe Eugen sie nach ihrem Alter gefragt. Dass sie im März einundzwanzig wird, ist gelogen, sie ist schon einundzwanzig.

«Ach? Wann denn?»

«Am Zwanzigsten.»

Eugen sieht sie schweigend an. Sie kann seinen Gesichtsausdruck nicht deuten, und sie überlegt, ob er ihren Schwindel gemerkt hat. Ist er von der Polizei? Quatsch, die tragen keine eleganten Anzüge. Und überhaupt, sie hat ja nichts verbrochen.

«Möchtest du noch was trinken?»

Sie zögert, sie muss noch den ganzen Abend durchhalten, also einen Cola Cognac, da ist garantiert nur ein Spritzer Cognac drin.

Eugen blickt sie immer noch nachdenklich an.

«Du erinnerst mich an jemanden», sagt er und sieht zur Bar hinüber, «jemand, den ich gut kannte.»

«Oh! Was ist aus ihr geworden?»

«Sie lebt nicht mehr.»

«Das tut mir leid!»

Aha! Das ist des Pudels Kern, denkt Charlet, ich erinnere ihn an jemanden. Ein Romantiker!

«Ach, wie traurig!», sagt Charlet, «tot ...»

«Ja. Leider. Aber lassen wir das.»

Er winkt nach Nathan, sie bekommt ihre Cola.

Dann beginnt er, sie auszufragen. Will alles Mögliche wissen. Sie antwortet, gibt sich aber Spielraum. Nicht alles stimmt. Und nicht alles geht ihn etwas an.

«Willst du mal das hier probieren?», fragt er zwischendrin, als enthalte das Glas, das er ihr hinhält, eine Wahrheitsdroge.

Es ist den Mädchen streng verboten, aus den Gläsern der Gäste zu trinken, und natürlich dürfen sie auch nicht von den eigenen Getränken kosten lassen, die teuren Longdrinks, die die Gäste spendieren, sind schließlich nahezu alkoholfrei. Charlet schüttelt also den Kopf.

«Ah, ich verstehe ...»

Eugen greift nach Charlets Hand und sieht ihr in die Augen. Dann küsst er jede ihrer Fingerkuppen vom kleinen bis zum Zeigefinger. Charlet sieht ihm dabei zu. Dann blickt sie sich um. Hat jemand sie beobachtet? Nathan! Er lächelt spöttisch. Sie löst ihre Hand, und als sie eine Zigarette zwischen den Fingern hält, zückt Eugen sein Feuerzeug.

Das Kinn in die Hand gestützt, die Zigarette zwischen den Fingern, betrachtet sie ihn.

«Komm mit mir», sagt er, «du kannst mir vertrauen.»

Sie geht nicht darauf ein, fängt stattdessen einfach an zu erzählen. Vom Waisenhaus in Saarbrücken, einem Kinderheim, das auch Kinder aufnahm, deren Mütter arbeiten mussten und keine Zeit für sie hatten, erzählt von Tante Lisbeth, zieht die Wangen nach innen, um vorzuführen, wie zahnlos und vertrocknet sie war, berichtet aber auch von der Herzensgüte der Tante. Dass sie gut miteinander auskamen, solange Charlet klein war, sagt sie, und dass es Probleme gab, als sie größer wurde.

«Als ich mir nichts mehr sagen lassen wollte von jemandem, der den ganzen Tag nur stickt und stopft.» Immerhin hatte die Tante ihr eine Art Zuhause gegeben, wo sie, Charlet, jedes Wochenende hin konnte und ihr später sogar eine Lehrstelle besorgt, als Modistin.

«Als Hutmacherin, genau genommen. Aber damit war kaum Geld zu verdienen.»

Vom ‚Heaven' spricht sie nicht, wo man alles hat, was das Herz begehrt inklusive Geselligkeit und Spaß und gutes Geld. Und dass sie sich vor kurzem teure Aquarellfarben gekauft hat, echte Künstlerfarben, und richtiges Aquarellpapier, weil sie in ihrer Freizeit malt, das behält sie auch für sich, das ist ihre Privatsache. Die anderen Mädchen ziehen sie ein wenig auf. Unsere Künstlerin, sagen sie. Und sind zugleich ein bisschen stolz, dass eine von ihnen so ein Hobby hat und vielleicht mal berühmt wird wie Picasso. Sie malt nämlich abstrakt, lässt die Farben ineinanderlaufen und gegeneinander kämpfen, übt sich an stufenlosen Farbübergängen.

«Warst du schon mal in Paris», fragt Eugen, als sie geendet hat, «am Montmartre, wo die Künstler daheim sind?»

Charlet lässt sich ihre Verblüffung nicht anmerken. Wie kommt er jetzt auf Künstler?

«Der Montmartre ist sehenswert, ein buntes Völkchen, es würde dir gefallen.»

«Ich bin ja noch jung», sagt Charlet leichthin, «vielleicht komme ich in diesem Leben ja noch mal hin.»

«Ganz bestimmt», pflichtet Eugen ihr bei.

Paris ist auch eine Woche später im Gespräch, bei seinem nächsten Besuch. Künstler, Montmartre, die *grüne Fee.*

Charlet hat noch nie von der grünen Fee gehört.

«Ein Getränk», sagt Eugen, «*Absinth.* Inspiration für die Kunst.»

«Du nimmst mich jetzt nicht auf den Arm?»

Abwehrend hebt er die Hände. Gott bewahre!

Bei seinem letzten Besuch hatte ihr Eugen das Du angeboten, ein Angebot, das man nicht ausschlagen kann. Es kostet sie aber Überwindung, ihn zu duzen.

Auch von Absinth hat Charlet schon gehört, und Eugen erzählt die ganze Geschichte.

«Eine Schande», stellt Eugen fest, «es ist eine Schande, was man der grünen Fee angetan hat. Es waren die Weinbauern, die das auf dem Gewissen haben. – Nathan?!»

Nathan eilt herbei. Natürlich hat er keinen Original-Absinth, der ist schließlich verboten, er verspricht jedoch, die grüne Fee so gut es geht nachzubauen.

Dann stehen zwei Gläser mit grünlicher Flüssigkeit, Zucker und eine Karaffe Wasser vor ihnen.

«Gib mal einen Löffel Zucker dazu und ein wenig mehr Wasser», empfiehlt Eugen, «und probier' dann noch mal.»

Charlet tut wie geheißen und behauptet, das Zeug schmecke schon besser.

Eugen lacht. Angeblich sei die Original-Fee giftig, sagt er, was jedoch eine reine Verleumdung sei. Sie bringe einen auch genau so wenig oder genau so viel um den Verstand wie anderes Hochprozentiges.

«Aber den französischen Weinbauern brach das Geschäft weg, alle Welt trank Absinth, der war viel billiger und man konnte ihn beliebig mit Wasser verlängern, was für die armen Künstler wichtig war.»

Eugen ereifert sich und erzählt von einem Mord und einem Gerichtsprozess und bestochenen Sachverständigen.

«Und jetzt seit über sechzig oder siebzig Jahren verboten. Alles Quatsch! Aber nach wie vor darf er nicht produziert werden.»

«Und was trinke ich hier?»

«Nicht ganz das Originalrezept, aber der Unterschied ist minimal.»

«Und ist nicht giftig und macht nicht verrückt?»

Eugen bestätigt, nicht giftig, bringt nicht um den Verstand.

«Mal sehen», sagt Charlet, «warten wir's ab.»

Eugen grinst, und Charlet ahmt das provozierend laszive Marilyn-Monroe-Lächeln nach, den Kopf in den Nacken werfend, die perlweißen Zähne entblößend, dahinter wer weiß was, ein Schlund, ein verlockender, verschlingender Abgrund. Sie beendet das Katzenspiel abrupt und kehrt zum Charlet-Lächeln zurück.

«Blondinen bevorzugt?», fragt sie keck.

Sie selbst ist dunkelhaarig, brünett, blaue Augen.

«Nicht immer», entgegnet Eugen. «Ich bin flexibel. Vor allem bei schlauen Mädchen. Und weil du so ein schlaues Kind bist und damit du nicht die falschen Schlüsse ziehst, sage ich's dir gleich: Ich bin kein Millionär.»

«Schade!» Charlet zieht eine Schnute.

Und dann fährt sie tatsächlich mit ihm nach Antwerpen. Freunde besuchen, wie er sagt, «deine und meine».

Als sie ihn erstaunt ansieht, fügt er hinzu: «Diamonds.»

Mit Ronny hatte sie Schluss gemacht, als dieser ihr die Faust ins Gesicht schlug.

Warum also nicht eine Auszeit in Antwerpen, wenn eine Auszeit geboten scheint? Sie kann jederzeit in's ‚Heaven' zurückkehren.

Antwerpen. Elegante Geschäfte. Sie flanieren durch Gassen und Straßen und begutachten die erlesenen Auslagen. Eugen hat nicht übertrieben. Reich ist die Stadt, modern, frei und prächtig – ein einziges Versprechen. Menschen, die nach der neusten Mode gekleidet sind, extravagant und zugleich gediegen.

Charlet, die nicht weiter als nach Saarbrücken und Mainz gekommen ist, vom Krieg gezeichnete Städte, kann nicht fassen, dass selbst der Bahnhof wie eine Kathedrale aussieht. Häuser wie Paläste.

Charlet fühlt sich großartig. Wie eine selbstbewusste Städterin durch die *Meir*, die noble Einkaufsstraße mit den spiegelnden Schaufenstern, bummeln, Hand in Hand mit Eugen.

Eugen hat sie neu eingekleidet, und nun übt sie sich in der Gewohnheit, bewundernde Blicke auf sich zu ziehen und sich in nichts von den jungen Frauen dieser Stadt zu unterscheiden.

Die Zukunft liegt nicht mehr nur in Amerika, wie sie immer gedacht hat, die Zukunft hat jetzt viele Orte.

Sie betritt Geschäfte, in die sie früher keinen Fuß zu setzen gewagt hätte, dreht sich vor den Spiegeln und vor Eugen, und lässt sich von Verkäuferinnen hofieren: Hier wird an einem Ärmel gezupft und dort an einer Stofffalte. Sich vor Eugen drehen, sich ihm präsentieren, das löst Verlangen aus, manchmal den Drang, sich ihm sofort, auf der Stelle, hinzugeben.

Ein Ausflug mit dem Dampfer. War sie je auf einem Schiff gewesen? Ja, auf dem Rhein, von Bingen nach Boppard und zurück, mit Tante Lisbeth.

Antwerpen besitze nicht nur die größte Auswahl an Diamanten, sondern auch den größten Hafen der Welt, sagt Eugen, die krächzende Stimme im Bordlautsprecher übertönend.

«Siehst du, jetzt bist du schon mal bis ans Meer gekommen! Vielleicht kommst du ja auch noch in die *Neue Welt*!»

«Das Inselken rechts heißen wir Het Eilandje»,

radebrecht der Kapitän, «warum? Ich zeige Ihnen das.»

Die Sprechanlage knackt wie brechendes Holz.

Als das Schiff sich der Insel nähert, sehen die Passagiere Kneipen und Etablissements mit roter Leuchtschrift. Das Antwerpener Rotlichtviertel, von den Wassern der Schelde umspült.

«Ziemlich verruft», sagt der Kapitän.

Es ist ein herrlicher Tag. Vom Fahrtwind sanft umschmeichelt, recken sie die Hälse und werfen einen Blick auf das Luderleben in mittäglicher Ruhe – der älteste Teil des Hafens, wie der Bootsführer preisgibt.

Sie stehen an der Reling des Sonnendecks und richten die Augen auf Schleusen und andere technische Meisterleistungen. Von hier aus habe Napoleon London erobern und England die Pistole auf das Herz setzen wollen, die blumige Rede des Kapitäns hat etwas Drolliges. «Ganz Antwerpen dankt ihre Existenz und ihre Wohlfahrt dem Wasser. Das gibt uns auch ein kosmopolitisch Gefühl.»

Der Dampfer tuckert an den Ziegelbauten der Hafenspeicher vorüber. Das vielgiebelige Montevideo-Magazin ist das größte Lagerhaus des Hafens, sie werden auf die Backsteinbauten der legendären Red Star Line hingewiesen, die zwischen 1873 und 1934 mehr als zwei Millionen Auswanderer in die Neue Welt brachte.

«Ihr Glück zu finden, das war ihr Ziel», sagt der Kapitän, «auch Albert Einstein und seine Gemahlin haben sich am zwölften Dezember 1932 von hier aus nach Amerika geschifft, auf der *Helgoland*, dem Schwesterschiff der *Titanic*.»

Lagerhäuser, Lagerschuppen, Hafenkräne, historische und moderne. Zahlen und Namen werden genannt, von berühmten Schiffen und berühmten Personen.

Damals, im Krieg, habe die New York Times Antwerpen *The city of the sudden death* genannt, weil die Bomben und Raketen der Deutschen auf Kinos, Kirchen und Kreuzungen gefallen seien.

Dann der erste Museumsbesuch.

Freiwillig würde sie sich so was nie an die Wand hängen, stellt Charlet vor einem Ölgemälde fest. Eine Frau mit Brustpanzer und Helm, die ein Schwert in der Hand und eine Truhe unterm Arm trägt. Allerlei Gerümpel ist an ihr befestigt, Körbe, Beutel, Ringe, Kelche, Teller, ein Krug und eine Pfanne. So marschiert die zahnlose Alte in düsteren Farben durch das Bild, offenbar zu Allem entschlossen.

«Was soll das?», fragt Charlet, denn auf dem Bild wimmelt es nur so von Merkwürdigkeiten, Dämonen und Fabeltieren, auf einem heruntergekommenen Haus sitzt ein Mann und scheißt Geld wie ein Goldesel, während er auf dem Rücken ein Boot balanciert.

«Und hier, diese Fratze, die wächst direkt aus der Landschaft heraus und kotzt irgendwelche Ungeheuer! Eklig. Urghhhh!»

«Du machst Urghh?!», Eugen lacht, «das Gemälde ist Millionen wert, Schätzchen!»

«Umso schlimmer!»

Die Millionen beeindrucken sie nicht. Der meiste alte

Kram sei eine Menge wert. Ob sie ihn deswegen mögen müsse?

Sie einigen sich darauf, es sei Geschmackssache. Eugen fügt aber hinzu, das Bild sei schon immer teuer gewesen, ein flämischer Meister habe damals schon eine Menge gekostet.

Charlet tritt einen Schritt zurück, legt den Kopf schief und begutachtet das Gemälde erneut.

«Werde du erst mal so alt wie ich», lacht Eugen, «dann sagen dir solche und andere Scheußlichkeiten eher was.»

Obwohl sie ihn durchaus schon für bedenklich alt hält, sagt sie schnell:

«Ach Gott», du bist doch kaum Vierzig!»

Sie gibt ihm einen flüchtigen Kuss auf den Mund.

Eugen legt seinen Arm um ihre Hüfte und drückt sie an sich. Dann schlendern sie an Gemälden vorbei, auf denen Damen und Herren von weit oben blicken, an nachgedunkelten Landschaftsbildern, die kaum noch die Farben erkennen lassen, und an schulheftgroßen bäuerlichen Szenen, die von breiten Rahmen bedrängt werden.

Als sie das Gebäude schließlich verlassen und die Stufen zu einem Vorplatz mit Blumenrabatten und Bänken hinabsteigen, dreht Charlet sich noch einmal um.

«Das Schloss an sich gefällt mir», stellt sie großmütig fest, «nur was drin ist, ist nicht in jedem Fall meine Sache.»

«Tja, so ist das eben manchmal», erwidert Eugen sibyllinisch.

Da greift Charlet in die Trickkiste und zieht jenen

Zauberspruch hervor, der einem Heucheleien erspart und doch die Türen öffnet:

«Ich bin noch jung, ich muss nicht alles verstehen, nicht wahr?»

Am Abend schlüpft sie in das neue dunkelrote Chiffonkleid mit dem tiefen Ausschnitt. Dann fahren sie zu den Klubs im Süden der Stadt, um sich dem Mahlstrom der Nacht zu überlassen.

Eugen schläft. Charlet liegt wach. Sie geht ihre Erfahrungen mit Männern durch. Es sind nicht viele, von ein paar Fummeleien mal abgesehen.

Der verträumte Willi! Den hatte sie wirklich geliebt!

Karl, ihren ersten Liebhaber, der sie vom lästigen Status der Jungfrau befreite, aber ein eitler und eingebildeter Kerl war, Geschäftsführer des Modehauses, für das ihre Lehrwerkstatt arbeitete. Karl war ein berüchtigter Weiberheld, und genau deshalb hatte sie ihn sich für die Befreiung ausgesucht. Karl war kein Reinfall gewesen, aber auch kein Höhenflug.

Ronny? Sie hat ihn schon so gut wie vergessen.

Ronny war ungeschickt und schwer. Mit Willi hatte sie nicht geschlafen. Nur Eugen machte alles richtig.

Willi war ihr Lehrherr gewesen, und ihnen beiden war diese Liebe fast zum Verhängnis geworden. Willi hatte etwas Schwermütiges an sich. Die dunklen Augen, aus denen sie flehentliche Blicke trafen. Natürlich war er verheiratet. Sie brach die Lehre ab.

Und jetzt? Ist sie verliebt? Schwer zu sagen. Sie ist vorsichtig. Die Kolleginnen hatten Recht, Eugen ließ sich nicht wirklich in die Karten schauen. Vielleicht hat das mit dem Alter zu tun, überlegt sie, vielleicht wird man mit dem Alter einfach so – undurchsichtig.

Hier in Antwerpen kommt sie sich manchmal wie in einem Film vor, es gefällt ihr aber. Sie spielt gerne mit. Vom Winde verweht. Wie angele ich mir einen Millionär? Ein Millionär ist er sicher nicht, aber Geld hat er schon.

Wahrscheinlich ist Eugen ein Lebemann!

Das Wort *Lebemann* ist neu in ihrem Sprachschatz, sie registriert es. Was ist ein Lebemann? Jemand, den man mit Vorsicht genießen sollte.

Sie lächelt.

«So schön war es noch nie!»

Flüstereien dieser Art sind noch nicht einmal gelogen. Es stimmt: Noch nie ist sie so von Lust überschwemmt worden.

Sie dreht sich um und schmiegt sich an den Mann neben ihr. Er lobte sie: Sie sei eine gute Schülerin. Oder ein Naturtalent. Beides sei wunderbar, hatte er gesagt. Und schlau sei sie obendrein. Dann hatte er sie in den Po gekniffen, und sie hatte gequiekt.

Er könne sie gut um sich haben

Als sie raunte, sie habe nicht geahnt, dass es mit ihm so schön sein könne, hatte er geantwortet: «Ich schon!»

Seine Haut wie trockener, aufgerauter Samt. Ganz am Anfang hatte diese samtige Trockenheit sie fast irritiert. Ronny war eine schweißige Angelegenheit gewesen, immer verschwitzt, und an Karl erinnerte sie sich nicht mehr. Eugen schwitzte nie. Er schien auch kein einziges Geruchsmolekül auszudünsten. Trockene, geruchslose Wärme wie von einem Kachelofen.

Sie spürt einen Luftzug im Nacken, feine Härchen stellen sich auf, sie will sich umdrehen, wird festgehalten. Wieder pustet ihr Eugen leicht in den Nacken.

Hoveniersstraat Nummer 51 in Antwerpen. Der Portier hält ihnen die Tür auf. Eugen wird mit Namen begrüßt, das zumindest versteht Charlet.

In der Hoveniersstraat Nummer 51 befindet sich die Diamantenbörse. Eugen führt sie das Treppenhaus hinauf zu den drei Börsensälen, und sie werfen von den Türen aus einen Blick auf das turbulente Treiben. Die Raume sehen wie alte Lesesäle ohne Bücher aus, doch an den langen Eichentischen schieben Männer einander große Umschläge zu. Ware und Geld, wie ihr Eugen halblaut erklärt.

«Man nennt sie Kontrahenten und bei Abschluss des Geschäfts – per Handschlag – ruft man *Mazal U'Bracha* – Glück und Segen. Das Entscheidende ist das Vertrauen.»

Der Lärmpegel ist beträchtlich, doch jetzt kann Charlet die Worte Mazal oder Bracha heraushören.

Irgendwo im Haus klingeln ununterbrochen die Telefone.

«Komm, ich zeig dir was.» Eugen nimmt sie am Arm und führt sie zu einer Wand voller Zettel und Aushänge.

«Neue Börsenmitglieder werden hier vorgestellt. Hier

steht auch, wer für welche Firma nicht mehr zeichnungsberechtigt ist, und hier wird bekannt gegeben, wer seine Mitgliedschaft eingebüßt hat, weil er Bankrott gegangen ist oder seine Gebühren oder Rechnungen nicht bezahlt hat. Wer hier am Pranger steht, bekommt keinen Fuß mehr ins Geschäft, weltweit», sagt Eugen.

Charlet liest laut die Steckbriefe derjenigen vor, die den Ehrenkodex der Branche verletzt haben. In weiteren Aushängen Kaufgesuche für Diamanten einer bestimmten Größe, Form und Qualität. IF bis VVS2 steht da, bei sehr guten bis exzellenten Qualitätsmerkmalen auch Steine der Klasse VS1 und VS2. Das sei der Reinheitsgrad, erklärt Eugen. Dann studieren sie die Lost-and-Found-Liste. Einer meldete zehn Steine zwischen vier und sechs Karat als verloren, und als Eugen ihr den Geldwert nennt, kann Charlet sich kaum beruhigen.

«Und das geht einfach verloren?»

«So etwas passiert, wenn so viel Ware über den Tisch geht. Dann ist leicht mal ein ganzes Lot Diamanten weg, ganz ohne böse Absicht.»

«Ein Lot? Wieviel ist das?»

«Ein Umschlag – vorhin im Handelssaal hast du sie gesehen, diese Umschläge.»

In der Smoking-Lounge spielen Männer Backgammon und Karten.

«Am Nachmittag ist hier die Hölle los», Eugen winkt den Spielern zu, «da geht es zu wie in einer Spelunke.»

Jeder hier scheint Eugen zu kennen. Freundschaftlich wird ihm auf die Schulter geklopft. Charlet dagegen wird wie Luft behandelt. Frauen scheinen hier nicht der Beachtung wert, zudem ist ihr im ganzen Haus auch kein weibliches Wesen begegnet.

Als sie das Gebäude wieder verlassen, sagt der Portier: «Auf Wiedersehen, Herr Beer … Mademoiselle!»

Dass Eugen sie keinem seiner Bekannten vorgestellt hat, irritiert sie. Vielleicht lohnt es sich nicht, seinen Freundinnen einen Namen zu geben, vielleicht wechseln die zu oft?

Sie wischt den Ärger beiseite, Eugen hat ihr bisher keine Veranlassung gegeben, misstrauisch zu sein. Aber froh, wieder auf der Straße zu sein, ist sie doch.

Juden mit Kippa – sie kennt jetzt den Namen für die Käppchen – Juden mit Schläfenlocken. Sikhs mit weißen Turbanen. Alle in Eile. Aber kaum Frauen in der Hovenierstraat, wie sie jetzt registriert. Juwelierläden, Schaufenster mit verlockenden Angeboten, vierzig, fünfzig Prozent Rabatt. Charlet gibt kennerhafte Kommentare über die Preisgestaltung von sich, Eugen amüsiert sich darüber. Sie durchstreifen das Labyrinth von Durchgängen und Verbindungsgassen zwischen Pelikaanstraat und der Langen Herentalsestraat mit unzählbaren Geschäften, Kontoren und Werkstätten.

«Hier wird hinter jeder Tür geschliffen und gehandelt», sagt Eugen und öffnet eine der Ladentüren tief im Labyrinth der Gassen.

Als sie den Laden betreten, ist Joshi Rosenkranz gerade

dabei, winzige Diamanten für den Vollbesatz einer Uhrenlünette abzuwiegen.

«Gütiger Gott!», hinter den dicken Brillengläsern ungläubig geweitete Augen, «Eugen! Dass ich auf meine alten Tage …»

Er dreht sich um und ruft in Richtung einer samtverhängten Tür: «Rebekka!! Rebekka!» Dann eilt der schmächtige Alte mit der Lederkippa hinter dem Ladentisch hervor, und die Männer fallen sich in die Arme. Sie scheinen einander gar nicht mehr loslassen zu wollen. Schließlich zieht Eugen Charlet an seine Seite und sagt feierlich:

«Joshi, mein Freund, sieh her! Das ist meine Prinzessin!»

Joshi hebt seine Hand und kneift Charlet zärtlich in die Wange, seine Augen schwimmen in Wasser.

«Rebekka», ruft er erneut über die Schulter, «Rebekka, komm und sieh, wer da ist!»

Joshis Frau schlägt die Hände vor der dicken Brust zusammen, dann wird der Besuch wieder und wieder ans Herz gedrückt, als habe sich zeit ihres Lebens all ihr Sinnen und Trachten auf diesen einen Moment gerichtet.

Ein paar Tage später führt Joshi sie in eine Seitengasse. Durch einen unauffälligen Eingang betreten sie einen düsteren Korridor. Am Ende des Flurs eine massive Tür, Joshi öffnet sie.

Eine Werkstatt mit bis zur Decke reichenden Fenstern, einer Front aus zahllosen bleigerahmten quadratischen Glasflächen. Taghell ist es hier, ohne dass ein Sonnenstrahl blendet, das sanfte Licht einer nach Norden ausgerichteten Fensterfront. Wie im Atelier eines Künstlers.

Charlet blickt sich um. Neben Werkzeug auch allerlei Trödel und ein verstaubter Rowenta-Klapptoaster. An der Wand ein schwarzer Bakelit-Fernsprecher.

Es riecht nach Stahl, Gummi, Schweiß und nach etwas Undefinierbarem, etwas durchdringend Fremdem, so stark, dass Charlet fürchtet, Kopfweh zu bekommen.

Trotz der Helligkeit brennt eine Arbeitslampe. In ihrem Lichtkegel sitzt ein Mann im Unterhemd. Er nimmt keine Notiz von den Dreien, die in gebührendem Abstand stehen bleiben und ihm bei seiner Arbeit an der rotierenden Stahlscheibe zusehen.

Nach jedem Schleifgang von wenigen Sekunden begutachtet er mit einer Lupe das Ergebnis. Immer, wenn Diamant und Stahl sich berühren, sirrt ein sehr hoher Ton durch den Raum.

«Das ist das Singen der Scheibe», Joshi zwinkert Charlet zu, «und das Flapp-Flapp, das ist der Bass, nämlich der Treibriemen, der durch die Welle läuft.»

Eugen knufft Charlet zärtlich in die Seite:

«Fast wie Rock'n Roll, Prinzessin, was? Ja, in der Schleiferei ist Musik!»

Nachdem Jakob der Schleifer eine offenbar knifflige Aufgabe gelöst hat, wendet er sich kurz um, hebt grüßend die Hand und nickt freundlich, bevor er wortlos mit der Arbeit fortfährt: Das handliche Holzgestell mit dem Metallkopf – «die Zange», sagt Eugen – auf die Schleifscheibe setzen, nach zwei, drei Sekunden wieder herunternehmen, durch die Lupe schauen, ein fließender Bewegungsablauf, nur gelegentlich vom Ändern des Schleifwinkels und dem Nachjustieren der Halterung unterbrochen.

Eine technische Neuerung habe die Bearbeitungszeit um den Faktor zehn reduziert, erläutert Joshi, der Pamann-Doppen, das sei eine geniale Erfindung gewesen.

«Der hat die Schleiferei revolutioniert, der hat Geschichte geschrieben», ergänzt Eugen.

«Zumindest Schleifergeschichte», wieder zwinkert Joshi Charlet zu.

«So oder so», sagt Eugen, «für den Schleifer ist der *Pamann-Doppen* jedenfalls so was wie die Erfindung des Rades.»

Joshi nickt.

«Übrigens kommt der Erfinder aus deiner Gegend, Charletina.»

«Ach, wirklich?»

Bevor Joshi zu einer Erklärung ansetzen kann, mischt Eugen sich ein.

«Pamann – das ist Philipp Amann. Als er 1928 das Patent eingereicht hat, war noch nicht absehbar, dass ihm ein paar Jahre später die Politik die Butter vom Brot nehmen würde, mit den Nazis ging es natürlich bergab mit der Schleiferei, das liegt auf der Hand, dazu braucht man wohl nix mehr zu sagen», er seufzt, «na ja, und nach dem Krieg ... Pech gehabt hat der Mann, er hätte Millionär werden können!».

«Das Dorf, aus dem der Amann kommt, heißt Brücken», greift Joshi seine Überlegung wieder auf, «das muss in deiner Gegend sein, ist nicht weit weg von Saarbrücken, wo du geboren bist, glaube ich …»

Als sie am Abend zuvor beim Essen zusammen saßen, war auch von Charlets Kindheit die Rede gewesen, und Eugen hatte «mein armes, liebes Waisenkind» gesagt.

«Ich weiß nicht genau», Charlet zuckt die Achseln.

Eugen lacht.

«Entfernungen sind bekanntlich relativ. Wenn wir also nicht kleinlich sind, lässt sich das durchaus behaupten. Genau genommen liegt das Diamantschleiferdorf Brücken allerdings in der Pfalz … Aber lassen wir das. Jedenfalls verdanken wir dem Amann eine ganze Menge!»

«Ja, das ist modernste Diamantschleifertechnik», sagt Joshi nüchtern und sieht Charlet an, die den Blick nicht recht zu deuten weiß.

«Langweilen wir dich?»

«Ich finde das wirklich sehr spannend», erwidert Charlet. Und dann wedelt sie unter ihrer Nase herum und meint, es rieche irgendwie eigenartig, sie könne gar nicht sagen, wonach, sie könne den Geruch nicht beschreiben, er gehe einem aber direkt in den Kopf.

«Ich glaube, King Kong muss so … gerochen haben!»

Die Männer lachen.

«King Kong?! Das ist ja charmant.» Joshis Augen blicken belustigt aus einem Kranz tiefer Falten und Fältchen.

«Sie meint wahrscheinlich den *Boart*», sagt Eugen.

«Ach ja, der Boart, daran muss man sich gewöhnen, ich rieche das schon gar nicht mehr», räumt Joshi ein.

Was das sei, will Charlet wissen.

Ein Schmiermittel für die Schleifscheibe, ein Gemisch aus Diamantstaub und Fett. Damit Stein und Stahl miteinander auskommen, damit nicht die Funken fliegen.

Eine Weile sehen sie Jakob noch zu, wie er die Zange auf die Scheibe setzt und durch die Lupe sieht. Dann sagt Joshi:

«Kommt mal wieder mit nach vorne!»

Er führt sie aber nicht in den Laden, sondern in das kleine Büro mit dem Samowar in der Ecke.

Charlet und er hätten noch viel vor, bedauert Eugen und schlägt die Einladung zum Tee aus.

«Schade. Aber morgen kommt ihr zum Mittagessen, das müsst ihr versprechen. Sonst macht mir Rebekka die Hölle heiß.»

«Ich will der Prinzessin noch was zeigen», sagt Eugen, «im Laden.»

Im Verkaufsraum bleibt er vor einer Schautafel stehen und deutet auf die Modellzeichnung. Ein Brillant, den man einmal im Querschnitt, einmal in der Draufsicht und einmal von unten sieht.

«Diese Form hier, der runde Brillant, das kennt inzwischen jeder. Es ist aber eigentlich eine ziemlich neue Entwicklung, erst vor ein paar Jahrzehnten erfunden. Es gibt aber auch immer noch andere Schliffe. Der *Princess-Cut* zum Beispiel», Eugen wendet sich feixend zu Charlet, «den wollte ich dir zumindest mal gezeigt haben: ein Schliff speziell für Prinzessinnen.»

«Glaub' dem alten Lästermaul nicht», wieder zwinkert ihr Joshi zu, «bei dem Princess-Cut wird die natürliche

Form des Rohdiamanten einfach besser ausgenutzt, daher wahrscheinlich der Name.»

Unbeirrt fährt Eugen in seinem Vortrag über Schliffvariationen fort.

«Der Olsowsky-Schliff zum Beispiel oder der Parker-Schliff, der Feinschliff, aber diese Art hier», wieder zeigt er auf die Modellskizze, «der Brillantschliff, das steht inzwischen allgemein für den Begriff Schmuckdiamant. Es ist ja auch das Beste vom Besten. Weil diese Art des Schliffs die optimale Lichtausbeute garantiert – und damit exzellente Brillanz. Im Oberteil mit mindestens zweiunddreißig Facetten und im Unterteil mindestens vierundzwanzig, sechsundfünfzig also zusammengenommen.»

«Du hast nichts verlernt», lobt Joshi.

«Nein», Eugen tippt sich an die Schläfe, «alles abgespeichert».

Charlet staunt und soll staunen. Wie man denn diese vielen Facetten von Hand an die richtige Stelle bekäme?

«Ich meine, so vollkommen symmetrisch und exakt, das ist ja Wahnsinn!»

«Hundertprozent Präzisionsarbeit, Prinzessin», sagt Eugen geschmeichelt, «und man braucht Talent dafür! – Räumliches Vorstellungsvermögen, einen genauen Blick für das Material …»

Charlet studiert die kleine Bildergalerie an der Wand, fragt nach, wie es von ihr erwartet wird. Was das sei – ein Oktaeder.

«Ein Körper mit acht Flächen, acht Dreiecksflächen, das ergibt dann sechs Ecken, in jeder dieser Ecken treffen also vier Flächen aufeinander ...»

«Ich bin noch jung», antwortet Charlet und hakt sich unter, «ich muss noch nicht alles wissen, vor allem wenn es um soooo komplizierte Dinge geht.»

«Gut», Eugen lächelt, «glaube einfach weiter an mich und merk dir nur eins: Brillanz ist eine Frage von Ecken und Kanten, bei Diamanten jedenfalls, denn nur davon reden wir, stimmt's? Aber du weißt das natürlich schon.» Er legt den Arm um Charlet. Sie nickt brav und gibt ihm schnell einen Kuss auf die Wange.

Eugen greift nach dem Kristallglas mit dem tiefroten Bordeaux auf dem Nachttisch.

«Willst du eine Geschichte hören?»

«Ich liebe Geschichten!»

«Aber du musst ein wenig mitspielen. Hast du Lust?»

«Hab' ich.»

«Gut. – Du bist dann auch die Hauptperson in dieser Geschichte.»

«Ich liebe Geschichten, in denen ich die Hauptrolle spiele! – Bekomme ich auch einen Schluck?»

Eugen reicht ihr das Glas.

«Okay! – Also, es war einmal ein Mädchen, ein Burenmädchen in Südafrika, vor knapp hundert Jahren. Die Familie besaß ein Anwesen, eine ziemlich große Farm ...»

In Erwartung einer längeren Erzählung klopft sich Charlet die Kissen zurecht und macht es sich bequem.

«Seit ein paar Jahren ist es auch dort Mode geworden, im Sommer Landpartien zu veranstalten, Picknicks mit

Freunden undsoweiter, Natur genießen und Hühnerbeinchen abnagen, genau wie in Europa. Also: Eine Reihe junger Leute vergnügt sich auf diese Art…, auch dein Verlobter ist dabei…»

«Mein Verlobter, aha», Charlet lacht.

«Ja! Der, den du vielleicht einmal heiraten wirst…»

«Du meine Güte! – Wie heiße ich eigentlich?»

«Charlet», antwortet Eugen.

«Charlet – schöner Name. Erinnert mich an meine Kindheit, Charlet und Charles, hießen nicht so die Kinder in der Schreibfibel?»

«Ach nein, Schätzchen», sagt Eugen, «die hießen Elsa und Heiner.»

«Ganz früher vielleicht! Aber das muss schon lange her sein», ein schelmisches Lächeln.

«Also – Burenmädchen Charlet in Südafrika», nimmt Eugen den Faden wieder auf, «du heiratest vielleicht bald einen Willem, mit dem machst du jetzt jedenfalls einen Spaziergang. Weil ihr ungestört sein wollt, ein bisschen Knutschen, ohne dass es die anderen mitbekommen. Kannst du mir folgen?»

«Bis jetzt problemlos.»

«Später kehrt ihr wieder zum Lagerplatz zurück, ihr habt Hunger bekommen, auf Mince-Curry und derlei ungenießbare Dinge. In der Nähe fließt ein Flüsschen vorbei, es ist der Oranje ...»

Er ist tatsächlich ein Märchenonkel, denkt Charlet, wer hätte das für möglich gehalten!

«Vielleicht trägst du ein weißes Kleid und Bänder im Haar, ich kenne die Mode von damals nicht so genau, aber bestimmt ist es irgendwas Schickes, ah, klar, du trägst einen Strohhut, einen mit breiter Krempe, ja, das gefällt mir. Du siehst sehr schön aus. Nicht nur an diesem Tag. Was insgesamt nicht unbemerkt bleibt, die Farmerssöhne aus der Umgebung lecken sich allesamt die Finger nach dir wie nach einem leckeren Hühnchen, vergebens natürlich, du hast dich ja schon festgelegt, zumindest vorläufig.»

«Okeee», Charlet dehnt die zweite Silbe wie ein Gummiband, «und dann?»

«Na ja, der Kerl, Willem, ist durchaus stattlich.»

«Nein, ich meine, was passiert dann?»

«Nicht so ungeduldig, mein Fräulein! Also – der stattliche Willem, leider nur mit bescheidenen Geistesgaben ausgestattet, sagen wir: Er hat einen gewissen Plafond. Für Burenmädchen ist aber wichtiger, dass er aus guter Familie stammt, und das tut er. Eine vielversprechende Partie also.»

«Gibt es ein Happy End?»

«Wir werden sehen, nicht drängeln.»

«Und gibt es auch noch Wein?»

Eugen greift nach dem Glas und reicht es ihr. Sie ist durstig, trinkt zügig.

«Jedenfalls», Eugen nimmt das Glas wieder an sich, «schleppt er dir deine Staffelei durch die Gegend, wohin du willst, gutmütig und willig schleppt er, was immer du brauchst, hinter dir her. Farbtuben, Pinsel, Palette,

Lösungsmittel undsoweiter. Also – der Mann ist perfekt für dich.»

«Ich male?», fragt Charlet aus den Kissen.

«Du hast sogar Ambitionen», bestätigt Eugen, «aber das nur nebenbei. Im Übrigen bist du auch begabt, du hast einen guten Blick.»

Nathan, der alte Spion, musste ihm gesteckt haben, dass sie malt. Der Verdacht, dass er die Zimmer der Mädchen durchstöbert, ist ihr schon früher gekommen. Aber egal. Vielleicht hat auch eine Kollegin getratscht, auch das ist denkbar.

«Auch in Südafrika malt man ja jetzt in der freien Natur und bringt Landschaften auf die Leinwand», fährt Eugen fort, «und du inspizierst die Umgebung, die Augen von der Hutkrempe beschattet, suchst nach einem schönen Motiv, den richtigen Ausschnitt, einem Platz für die Staffelei, Vordergrund, Hintergrund und – da! Da siehst du etwas!»

«Was denn?», Charlets Stimme klingt schläfrig, die Langatmigkeit des Erzählens lullt ein.

«Tja – was kann das sein, Charlet?»

«Ja, was ist das denn, was nur?», nimmt Charlet seinen Ton auf, während sie nach dem Weinglas greift, das Eugen ihr neu gefüllt hinhält.

«Keine Ahnung, was ich sehe … Oder warte mal … Sehe ich vielleicht – meine Freunde?»

«Ja, auch, weiter hinten. Aber du musst woanders hin schauen, mehr zum Fluss hin.»

«Hm, Darling, was könnte ich sonst noch sehen?

Andere Freunde? Girl's best friends?»

Eugen sieht sie sprachlos an, dann lacht er.

«Schlaues Mädchen!»

Charlet ist jetzt wieder munter geworden.

«Ach, Mister Eugen, bin ich nicht in Idar-Oberstein geboren? Da kriegt man das mit der Muttermilch mit.»

«Bist du das denn – in Idar-Oberstein geboren? Ich dachte, du bist in Saarbrücken geboren? Jedenfalls hast du mir das erzählt, oder nicht?»

«Idar-Oberstein passt an dieser Stelle einfach besser.»

«Sieh an, sieh an», Eugen schnalzt mit der Zunge, «ein bisschen durchtrieben, die Dame, gefällt mir aber, genau meine Kragenweite.»

Um mögliche Untiefen zu umschiffen, fügt sie mit einer vagen Handbewegung hinzu:

«Jedes Kind weiß doch, dass die Diamanten aus Südafrika kommen, das lernt man in unserer Gegend schon im Heimatkundeunterricht. Und jetzt ist die Geschichte zu Ende?»

«Ach, da könnte man noch viel erzählen, aber ich glaube, ich mache jetzt mal eine Pause.»

Charlet fürchtet, ihn verärgert zu haben und legt ihren Kopf an seine Schulter.

«Bist du mir böse?»

«Nein. Warum?»

«Ich weiß nicht. Du hast dich über mich geärgert.»

«Keinesfalls.»

Sie schweigen.

«Hältst du mich für eine Hure?»

«Wir sind alle Huren.»

Schweigen.

«Vergiss das Geschwätz der Leute», sagt Eugen, «sie haben sich alle den Amis angedient!»

«Ich mache mir wahrscheinlich falsche Vorstellungen, aber für mich ist Amerika immer noch etwas ganz Tolles, es gibt alles zu kaufen, es ist modern ...»

«Amerikas dunkle Seiten kennst du nicht. Ich schon. Auch Amerika hat seine Hure.»

«Was meinst du damit?»

«Amerikas Hure ist Kuba. Oder war Kuba, besser gesagt. Die Amerikaner haben die Insel einfach zu ihrem Puff gemacht.»

In Eugens Gesicht liegt etwas, das sie nicht deuten kann, etwas Bitteres, Böses, Beängstigendes. Es verschwindet aber gleich wieder.

Eugen sagt:

«Ich versteh' es nicht ganz – aber ich stelle mit Erstaunen fest, dass du mir nicht auf die Nerven gehst. Das ist ein gutes Zeichen, glaube ich.»

Charlet fragt nicht, wofür es ein gutes Zeichen ist.

In den vier Wochen ihres Aufenthaltes in Antwerpen besuchen sie noch oft Joshi und Rebekka, besuchen noch häufig die Clubs und schlendern über die Meir. Doch Eugen lässt Charlet auch immer öfter allein im Hotel zurück. Geschäfte, sagt er, Termine, Geld.

«Was hältst du von einem *Gimlet*», fragt Eugen, als sie in den tiefen, anthrazithgrauen Fauteuils des

Amerikanischen Clubs sitzen.

«Kenne ich nicht, lerne es aber gerne kennen. Schmeckt es gut?»

Eugen bestellt zwei Gimlets, und Charlet sieht sich um. Es befinden sich fast nur Männer im Raum. Für die einsamen Businessmen aus Uncle Sam's Reich stelle der Club eine Art Heimat dar, sagt Eugen.

«People-to-People-Level, um sich beim Business zu helfen und sich unter die Arme zu greifen, wenn einem in diesem merkwürdigen Europa die Orientierung abhanden kommt. Und natürlich, um sich gegenseitig die Langeweile zu vertreiben.»

Der Gimlet wird serviert, Charlet nippt und findet, er schmecke nicht schlecht.

«Eine Erfindung der Royal Navy», sagt Eugen, «wahrscheinlich ihre beste».

Er trinkt und verzieht das Gesicht.

«Die nehmen Gin und Zitronensaft, kippen Angosturabitter dazu und rühren mit Zucker um! Pfui Teufel! An einen Gimlet gehören nur zwei Zutaten: Gin und Lime Juice, Rose's Lime Juice, je halb und halb. Das ist ein Gimlet, und sonst nichts! Schreckliches Gesöff!», wiederholt er nach einem zweiten Schluck.

«Mir schmeckt er eigentlich ganz gut, fast ein bisschen wie Martini.»

«Martini?! Um Gottes willen!», Eugen knallt sein Glas auf den Tisch, «genau das ist das Problem, zu soft und nicht trocken genug. Manche nehmen auch Wodka oder Tequila, das kann man zur Not noch durchgehen lassen.

Aber der Lime Juice, Rose's Lime Juice Cordial, das ist das Nonplusultra, das macht den Charakter aus.»

«Ich werd's mir merken», sagt Charlet ein wenig eingeschüchtert.

«Dir das Trinken beizubringen, ist wahrlich keine leichte Aufgabe», ein übertriebener Seufzer, «ich hoffe nur, du dankst es mir, es erfordert eben Disziplin, das Universum gepflegter Drinks zu erobern, mein Liebling.»

«Danke», sagt Charlet, «ich habe schon sehr viel gelernt!»

«Na», Eugens Lächeln gerät ein wenig süffisant, «bedenke immer: Hinter allem steckt ein guter Wille.»

«Mach ich, ich bedenke es, Darling.»

Zwei Männer treten auf sie zu. Eugen springt auf. Man begrüßt sich mit Schulterklopfen. Dann macht er Charlet und die beiden Herren miteinander bekannt. Er nennt nur ihre Vornamen, auch Charlet wird nur als «Charlet» vorgestellt.

«Vor Otto musst du dich in Acht nehmen», die Hand auf der Schulter des hässlichen Dicken, lacht Eugen, «der ist ein echter Tumbler auf frischem Eis!»

Der mondgesichtige Otto grinst teigig und gibt Charlet wortlos die Hand, die sich schweißig und schlaff anfühlt.

Auch den anderen Mann berührt Eugen an der Schulter.

«Maximo dagegen ist ein scheues Reh, wenn ich das so sagen darf.»

«Darfst du», Maximo nimmt Charlets Hand in die seine, umschließt sie warm und herzlich mit beiden Händen.

«Angenehm, sehr angenehm!»

Charlet findet ihn sympathisch.

Die drei Männer scheinen sich gut zu kennen. Doch Eugen kommt Charlet jetzt verändert vor, fast fremd. Sie wendet sich an ihn:

«Was ist denn ein *Tumbler*?»

«Ein Whiskyglas», antwortete Eugen, «und ein Gerät, mit dem man Frischfleisch weich klopft.»

«Sehen Sie», Maximo schüttelt bedauernd den Kopf, «er kann nicht anders, er ist ein Provokateur».

Obwohl Eugen lacht, fühlt Charlet sich merkwürdig beklommen und nimmt eine Zigarette aus dem Etui, um ihr Unbehagen zu überspielen.

Eugen und Maximo zücken gleichzeitig ihr Feuerzeug, sie lässt sich jedoch von Eugen Feuer geben.

«Die Dinge laufen holprig, hab ich gehört», sagt Maximo.

«Es läuft nicht schlecht, Max. In drei Wochen fliege ich, erst nach Miami, und dann wird man sehen.»

«Standrechtliche Erschießungen», sagt Maximo, den Eugen Max nennt, «weißt du was davon?»

Eugen zuckt die Achseln.

«Von Raúl angeordnet», fügt Maximo hinzu.

Die Männer scheinen sie vergessen zu haben. Der glatzköpfige Otto hat sich von der kleinen Runde entfernt, er steht, ein Glas in der Hand, am Fenster. Charlet inhaliert tief, drückt die Zigarette aber nach wenigen Zügen aus, um eine Menthol aus ihrer Tasche zu ziehen.

Diesmal ist Maximo schneller.

«In La Cabana wird Hunderten der Prozess gemacht»,

sagt er und lässt sein Feuerzeug in seine Hemdtasche fallen, «Guevara hat sich zum obersten Ermittler gemacht.»

Eugen nickt.

Maximo sagt:

«Lass uns ein andermal darüber reden, das ist kein Gespräch, das man in Anwesenheit holder Weiblichkeit führt.»

Sie gehen zusammen an die Bar.

Dort herrscht reges Treiben, der Geräuschpegel ist beträchtlich. Von dem Gespräch der beiden Männer versteht Charlet wenig, zumal sie ihre Stimmen dämpfen. Sie machen ernste Mienen und scheinen Charlet vergessen zu haben, nicht einmal ein flüchtiger Blick streift sie.

Charlet beobachtet im Spiegel hinter der Batterie von Flaschen das Geschehen in ihrem Rücken. Ein Kommen und Gehen, auch Frauen befinden sich zunehmend unter den Gästen.

Dann gleitet ihr Blick über das Flaschensortiment, als prüfe sie die Vollständigkeit des Angebots. Aber sie langweilt sich. Und sie ärgert sich. Als sie sich erneut Feuer geben lässt, nutzt sie die Gelegenheit, sich wieder ins Gedächtnis zu rufen und beginnt, Maximo von ihren ihrem bisherigen Aufenthalt in Antwerpen zu berichten, von dem Besuch in der Börse und im Museum, von dem beeindruckenden Stadthaus von Peter Paul Rubens, sogar einen Ausflug zu seinem Landsitz hätten sie gemacht.

«Charlet interessiert sich für Kunst», sagt Eugen achselzuckend, «sie ist selber eine Künstlerin.»

«Davon müssen Sie mir unbedingt mehr erzählen, ich hoffe, Sie malen nicht abstrakt?»

«Doch», gibt Charlet zu, «nur abstrakt, nur Farben und Formen, das Abmalen interessiert mich nicht.»

«Hilfe», Maximo hebt beschwörend die Hände, «da bin ich ja auf Glatteis geraten.»

Sie lachen, und eine Weile ist Charlet am Gespräch beteiligt, Sehenswürdigkeiten der Stadt, Sehenswürdigkeiten anderer Städte, bis Eugen sich plötzlich an Maximo wendet und fragt:

«Hast du die Geschichte von Kleineberg mitgekriegt?»

«Kleineberg? Hm. Kenn' ich den?», Maximo hat seinen Fuß auf die Verstrebung von Charlets Hocker gestellt. Wie zufällig hat er dabei ihre Schenkel berührt.

«Theo Kleineberg, klar kennst du den – der Lieferant von Cartier, du musst den kennen!»

«Nein, sagt mir nichts, aber ich kenne ja auch nicht jeden. Was ist denn mit ihm?»

«Er ist von der Bildfläche verschwunden. Abgetaucht, umgebracht, ein Unfall ... keiner weiß was.»

«Und?»

«Die Ladenhüter machen eine große Sache daraus. Du hast wirklich nichts gehört? Wundert mich.»

Ladenhüter! Charlet fragt sich, was das in diesem Zusammenhang zu bedeuten hat. Vielleicht hat sie sich auch verhört.

«Hattest du mit ihm zu tun?», erkundigt sich Maximo.

«Ja, in letzter Zeit schon. Ich hab' auch Geld verloren, es hielt sich aber in Grenzen, andere hat es härter getroffen.»

Charlet drückt ihre Zigarette aus. Sie sieht zu dem dicken Otto hinüber. Der Fettkloß redet pausenlos auf den Barkeeper ein, einen hübschen Kerl, der geschäftig seine Arbeit fortsetzt, lächelnd, aber ohne aufzusehen und ohne zu antworten. Dann fällt ihr Blick auf einen Mann, den sie, wie sie glaubt, schon einmal gesehen hat, in der Hoveniersstraat oder in der Börse. Ein Inder, Sikh mit Turban, er hält ein Whiskyglas in der Hand.

Wieder unterbricht sie das Gespräch der Männer, um sie auf den Turbanträger aufmerksam zu machen.

«Ich dachte immer, die Mohammedaner trinken keinen Alkohol!»

«Das ist kein Alkohol», entgegnet Eugen, «das ist ein Malt», und sie lachen.

Maximo sagt:

«Wir sind wirklich Banausen, die die Anwesenheit einer bezaubernden Frau ignorieren.»

Eugen bestellte drei weitere Drinks, Whisky sour für Maximo und ihn, einen Gimlet für Charlet.

«Das kann ein langer Abschied werden», sagt er dann, mit einer Kopfbewegung auf Otto verweisend, der immer noch ununterbrochen auf den mandeläugigen Keeper einquatscht. An Ottos kleinen Wurstfingern blitzen Diamantringe.

«Ja», seufzt Maximo resigniert, «die Quelle allen Kummers ist die Liebe».

«Weißt du, an was mich das erinnert?», fragt Eugen.

Maximo verneint. Er wolle es auch lieber nicht wissen.

Ob Eugen und Maximo ein Theaterstück für sie,

Charlet, aufführen? Aber warum? Imponiergehabe? Vielleicht, aber nicht nur. Offenbar soll ihr irgendwas deutlich gemacht werden. Dass hier ein Männerbündnis existiert, ein vertrauter Umgang unter Männern, der nicht durch die Anwesenheit eine Frau gestört werden kann.

Charlet überlegt, wie sie sich verhalten soll. Es widerstrebt ihr, sich so einfach auf die Ränge verweisen zu lassen.

Wenn sie in den Barspiegel sieht, erkennt sie Eugen kaum wieder. Ein fremder, ein bisschen müder, fast schon alter Mann.

Otto hat sich jetzt in der Nähe der Wand postiert, von wo aus er die gesamte hufeisenförmige Bar samt dem malaiischen Jungen im Blick hat. Dort sitzt er mit zusammengekniffenen Lippen und unruhigen Augen.

«Er scheint doch insgesamt ziemlich asketisch zu leben», sagt Eugen.

«Sehr ungesund für Löwen», entgegnet Maximo.

«Stimmt. Für Löwen ist das nichts.»

«Löwen?», fragt Charlet.

Maximo lacht.

«Wir sind alle drei im Zeichen des Löwen geboren», erklärt er.

«Aber nicht jeder ist so verfressen wie Otto», sagt Eugen.

«Ein Löwe ist ein Löwe», erwidert Maximo. Wie zufällig streift er Charlets nackten Oberarm.

Sich gegen diesen Mann lehnen, gegen diese Brust! Es nicht zu tun, kostet Willenskraft.

Maximo streicht ihr jetzt sanft, wie begütigend, mit einem Finger über den Unterarm.

«Und eine Rose ist eine Rose», sagt er.

Eugen bestellt drei weitere Drinks.

Im Spiegel sieht Charlet eine Frau in einem tief dekolletierten roten Chiffonkleid, von zwei Männern flankiert. Die Frau ist schön und ein wenig blass, mit nachgiebig roten Lippen, sie wirkt verloren und doch konzentriert, vielleicht ist sie ganz bei sich. Sie gefällt ihr.

«Ich geh' mal rüber zu Otto und frag' ihn, wie's aussieht», erklärt Eugen und schlendert auf die andere Seite der Bar, wo der Dicke ihm entgegen starrte.

«Ich freue mich auf dich», sagt Maximo in fast sachlichem Ton. Es ist eine Feststellung, eine klare, sichere und notwendige Aussage.

Weiß Eugen, als er zurückkehrt und erklärt, zahlen zu wollen, dass Charlet ihn schon verlassen hat? Jedenfalls legt er seinen Arm um Charlets Hüften, sagt, Miami werde ihr bestimmt gefallen, auch ohne Ronny.

Ein paar Tage später kehrt Charlet nach Deutschland zurück, aber nicht mehr ins ‚Heaven', und nicht an Eugens, sondern an Maximos Seite.

Und dann fliegt Charlet mit Max, dem Kubaner, in das karibische Land, das sich gerade von den Fesseln der Batista-Diktatur befreit hat.

Die Knie zittern ihr, als sie die Gangway hochsteigt. Ihr erster Flug! Doch kaum an Bord, verliert sich die Angst, ja, es kommt ihr vor, als sei das Fliegen wie alles, was ihr in den letzten Wochen vertraut wurde, nur eine neuerliche Erweiterung ihrer Erfahrungen und gehöre bald wie alles andere zu ihrem Alltag. Unbegrenzt ist die Zukunft, und keiner kann wissen, was sie bereit hält, denkt sie und sieht aus dem Fenster auf die Miniaturwelt.

Dass sie in einer Waschküche landen würden, damit hat Charlet nicht gerechnet. In der feuchtheißen Luft blieb einem jeder Fetzen Stoff am Leib kleben, und als habe man sich Wasser ins Gesicht geschüttet, verläuft das Make-up.

«Ich hätte dich warnen sollen», grinst Max, «hoffen wir, dass uns keine Hurricans erwarten.»

Auf den Straßen Havannas patrouilliert Militär. Aber es gibt auch viel Fröhlichkeit, stellt sie fest, Menschen tanzen, auch Paare, einfach so, mitten auf der Straße.

In den nächsten Tagen regnet es. Das Hotel liegt in Strandnähe und ist komfortabel und sauber.

Manchmal lässt Max sie für Stunden allein im Hotel zurück. Wohin er verschwindet, sagt er nicht, und Charlet fragt nicht nach. Sie vertreibt sich dann die Zeit mit dem Durchblättern von Zeitschriften im Zimmer oder unten auf der überdachten Terrasse, trinkt eine Limonade und betrachtet die Modeaufnahmen und Stadtansichten. Sie versucht sogar, mit Hilfe eines kleinen Wörterbuchs, englisch-deutsch, ein altes Reader‘s Digest–Heft zu lesen.

Der Pontiac Bonneville ist ein herrlicher Wagen, findet Charlet. Mit ihrer behandschuhten Hand streicht sie behutsam über den makellos glänzenden Lack, bevor sie einsteigt, er hat das gleiche Rot wie Lippenstift und Fingernägel.

Max ist viel besser gelaunt als bei ihrer Ankunft, seine alte Gesprächigkeit ist wieder da. Um sich bei offenem Verdeck zu unterhalten, müssen sie fast schreien. Für einen Revolutionär komme, mit Ausnahme eines Militärjeeps, überhaupt nur ein Pontiac in Frage, ruft Max gerade, als sie in den Tunnel unter der Mündung des Río Almendares einfahren. Von dem Beton zurückgeworfen, dröhnen die Worte wie die eines Gottes in der Tunnelröhre.

«Und warum?», will Charlet wissen.

«Ganz einfach: Pontiac war der Häuptling der Ottawa-Indianer und hat die Briten das Fürchten gelehrt. Nie was davon gehört?»

Er wirft ihr einen Seitenblick zu, sie schüttelt den Kopf.

«Ein Widerstandskämpfer mit ausgefeilter Guerillataktik! Der Pontiac-Aufstand hat viele inspiriert. Er war ein Indianer mit Weitblick, der begriffen hatte, dass die Kolonialherrschaft seine Kultur auslöschen würde.»

«Aber hat es denn was genützt?»

«Immerhin hat er es geschafft, die zerstrittenen Stämme zu einigen und gegen die Besatzer in Stellung zu bringen.»

Sie kommen an Parks und Villen vorbei, der Motor schnurrt satt. Charlet krault Max zärtlich den Nacken.

«Bist du bei der Guerilla?»

«Der Krieg ist vorbei», sagt Max und wirft einen Blick in den Rückspiegel, bevor er zum Überholen ansetzt. Als er wieder in die rechte Spur einschert, sagt er:

«Den armen Pontiac hat es am Ende übel erwischt, er wurde ermordet, und er war sturzbetrunken, als er ermordet wurde, und der, der ihn ermordet hat, war ein Indianer, einer von einem anderen Stamm, bestochen von den Briten.»

Nach einer Weile sagt Charlet, sie müsse sich erst an den Gedanken gewöhnen, mit einem Revolutionär spazieren zu fahren.

«Warum, wenn ich fragen darf?»

«Ich weiß nicht. Vielleicht habe ich mir einen Revolutionär anders vorgestellt, weniger elegant.»

Max scheint zufrieden, amüsiert weist er darauf hin, dass man dem Revolutionär eben den Revolutionär nicht ansehen dürfe, weil er sonst schlechte Karten habe. Und damit auch die Revolution.

Zu beiden Seiten der Straße Häuser, die wie Schlösschen aussehen. Alles wirkt sehr gepflegt.

Charlet zupft ihr Kopftuch zurecht, die Enden sind im Nacken verknotet. Eine Sonnenbrille schützt ihre Augen vor dem gleißenden Licht. Auch Max trägt eine Sonnenbrille und gleicht damit noch mehr Cary Grant. Auch der weiße Leinenanzug hat bisher für Charlet nicht zum Erscheinungsbild eines Revolutionärs gepasst. Ein Schauspieler, denkt Charlet, kein Umstürzler.

Villen und ausgedehnte Grünanlagen in der Quinta Avenida, der westlichen Fortsetzung des Malecón. Monumente und eine gewaltige Kirche, Jesús de Miramar.

«Hier siehst du Havannas Tortenstück», sagt Max, «hier, in Miramar, lebt die High Society, oder besser gesagt – lebte.»

«Wieso – lebte?»

«Na, sie hauen doch alle ab! Viel Geld ist auf der Flucht. Auch gut! Sollen sie nur!»

Er zeigt auf Bauten und nennt die diplomatischen Vertretungen, die darin untergebracht sind. Viele Hotels und Casinos. Strandabschnitte mit Palmen. Der Himmel wolkenlos. Sie solle sich überraschen lassen, hat Max gesagt, als sie sich nach dem Ausflugsziel erkundigte. Eine historische Einmaligkeit an der La Rampa, mehr verrate er nicht. Jetzt drosselt er die Geschwindigkeit auf Schritttempo, und sie sieht rechterhand einen riesigen Hotelturm.

«Voilà! Habana libre!», eine ausladende Geste, als präsentiere er ihr seine Ländereien, «revolutionäres Hauptquartier!»

«Üppig», stellt Charlet fest, «viel Platz jedenfalls.»

Max lacht.

«Ich liebe deine praktische Intelligenz», er beugt sich zu ihr herüber und gibt ihr einen schnellen Kuss, ohne die Hände vom Lenkrad zu nehmen, «und außerdem liebe ich dein süßes Löwenmäulchen!.»

Er beschleunigt wieder, ruft ihr zu, dass das, was jetzt Habana libre heiße, einst das Hilton gewesen sei, Batistas Lieblingsprojekt.

«Ironie des Schicksals, was? Castro hat den Regierungssitz inzwischen allerdings in die alten Amtsstuben zurückverlegt.»

«In Sachen Politik bin ich eine ziemliche Null.»

«Das kommt noch, Süße! Politik ist im Grunde ganz einfach: Man muss die Kontrolle darüber behalten, an welchem Ort, zu welcher Zeit und unter welchen Umständen die Konfrontation erfolgt, es ist wie im wirklichen Leben», er lacht.

«Klingt anstrengend», sagt Charlet.

«Ist anstrengend», erwidert Max gut gelaunt, «Vernunft ist immer anstrengend.»

Dann sprechen sie eine Weile nicht mehr. Sie sind in die Nähe der Altstadt gelangt. In den Straßen ist viel los, und sie sind holprig und schlecht.

«Weißt du, was das Entscheidende im Guerillakampf ist?», fragt Max, während er den Wagen langsam durch die Menge steuert. «Das Entscheidende ist die Flexibilität. Flexibel und beweglich sein, darauf kommt alles an. Dem Gegner ausweichen. Nur dann kannst du Ort und Zeit selbst bestimmen.»

Von der anderen Seite des Casinos grüßt ein Mann zu ihnen herüber und hebt sein Glas. Max erwidert Gruß und Geste.

«Wer ist das?», fragt sie leise, denn sie hat sich angewöhnt, in der Öffentlichkeit die Stimme zu dämpfen.

«Der Militärgouverneur. Ein echter Comandante.»

Auch Max, neben ihr an der Bar stehend, spricht leise.

«Sieht eher wie ein Professor aus.»

«War er auch. Er heißt Matos. Huber Matos.»

Charlet glaubt, sich verhört zu haben, und Max wiederholt den Namen.

«Huber?», lacht Charlet, «das hört sich aber ziemlich deutsch an.»

«Er heißt Huber mit Vornamen.»

«Ach, wie witzig!»

Charlet lächelt dem Militärgouverneur zu, der nun die nur teilweise besetzten Tische umrundet und auf sie zukommt. Ein großgewachsener, grauhaariger Mann, der ganz das vertrauenswürdige Bild eines Menschen abgibt, der auf eine solide Art an sich glaubt. Max bemerkt ihn erst, als Matos unmittelbar vor ihnen steht.

Die beiden Männer begrüßen sich herzlich.

Max macht Charlet mit Huber bekannt, und dieser findet ein paar charmante Worte für Charlet, auf englisch.

Dann beginnen die Männer ein Gespräch auf Spanisch. Charlet bemüht sich, nicht gelangweilt auszusehen, obwohl sie so gut wie nichts versteht außer immer wieder *Communiste* und *Revolucion*.

Es geht also um Politik.

Wann immer ein Blick des Militärgouverneurs auf sie fällt, lächelt Charlet. Einmal betrachtet Max sie mit sichtlichem Stolz, der Gouverneur hat ihm wohl ein Kompliment wegen seiner Eroberung gemacht. Dann verabschiedet sich Matos mit einer angedeuteten Verbeugung gegen Charlet: «Signora!»

Als er gegangen ist, sagt Max:

«Na, du machst ja alle Männer verrückt.»

Zärtlich gibt er ihr einen Kuss auf die Schläfe.

Charlet ist froh, nichts falsch gemacht zu haben. Nach wie vor scheint das rote Cocktailkleid, das ihr Eugen in

Antwerpen gekauft hatte, seine Wirkung zu entfalten. *Eine Augenweide* habe der Gouverneur gesagt und darauf bestanden, dass ihr das übermittelt werde.

«Ich habe mir nur die Hälfte gemerkt», grinst Max.

«Schade!»

«Umfassende Bewunderung, reicht das? – Übrigens habe ich ihn gefragt, wie er zu dem bemerkenswerten Vornamen gekommen ist, du wolltest das gerne wissen. Er hat den Namen einem Schweizer Bienenforscher zu verdanken, François Huber, genannt *der Bienen-Huber*. Das Besondere: Er war mit zwanzig blind. Und trotzdem hat er eine wissenschaftliche Karriere gemacht.»

«Bienen-Huber!»

«Matos' Eltern aßen wahrscheinlich sehr gerne Honig.»

«Eine nette Geschichte, wirklich», Charlet lässt den Rauch aus gespitzten Lippen zur Decke entweichen. «Bist du eigentlich Kubaner, Maximo? Ich meine, besitzt du die kubanische Staatsbürgerschaft?»

«Ja.»

«Und bist du ein Kommunist?»

«Nein. Ich bin ein Liberaler. Wie Matos und andere. Kuba soll wirklich demokratisch werden und nicht die eine Diktatur gegen die andere eintauschen. Matos hat vor, das Volk abstimmen zu lassen, er hat das auch Castro vorgeschlagen. Der hat aber vermutlich andere Vorstellungen, genauso Guevara. Es gibt aber viele, auch in der Regierung, die denken wie Matos und ich. Oltuski zum Beispiel.»

Diesen Namen hat Max schon öfter erwähnt. Charlet

hätte fragen können, vielleicht fragen sollen, wer das sei. Doch Politik gehört nun einfach nicht zu ihren Lieblingsthemen, weil sie dann oft wie ein Kind belehrt wird.

«Du bist also ein richtiger Politiker?!»

Max winkt ab, er sei nur ein kleines Licht ohne größere Bedeutung.

Wenn ein kleines Kerzchen in einen Heuhaufen falle, habe das durchaus eine Bedeutung, kontert Charlet, und Max lacht laut und herzlich.

Regen schlägt gegen die Fensterscheiben, und der Sturm zerrt an den Palmen. Wütend schüttelt und reißt er an den Wedeln. Wenn Charlet den Kopf an die Scheibe legt und nach links schaut, sieht sie einen kleinen Tamariskenwald hinter der Uferpromenade. Wenn man die Augen unscharf stellt, sieht das Wäldchen wie eine zottelige Büffelherde aus, wie sich aneinander drängende Tiere, die sich unter Manitus Zorn ducken, ängstlich zusammenrücken.

Sie ist noch im Bademantel, und unter dem Bademantel ist sie nackt. Ein mintgrünes Band ist über ihr unfrisiertes Haar gestreift. Sie blickt auf das Meer mit seinen zappelnden Schaumkronen, diesen lebendig gewordenen Brüsseler Spitzen, und trinkt hin und wieder einen Schluck Kaffee. Das Frühstück haben sie schon hinter sich, die Reste von Rührei, Fruchtsalat und Toast stehen auf dem Beistelltisch.

Bei diesem Wetter ist nicht daran zu denken, das Hotel zu verlassen.

Max sitzt auf der geblümten Couch und durchforstet den Zeitungsständer. Charlet überlegt, ob sie den Krimi von Agatha Christie, vorgestern für ein paar Pesos erstanden, weiterlesen oder in die Badewanne steigen soll. Sie neigt Letzterem zu, ihr Schriftenglisch ist nicht gut, den Krimi zu lesen, wird Mühe kosten.

«Da!», Max schlägt mit der Hand gegen die Zeitung, «hier findest du was über Senora Oltuski!»

Er hält ihr die aufgeschlagene *Diario de la Marina* hin, und Charlet tritt vom Fenster, um einen Blick auf die Fotos zu werfen. Da Max jedoch zu erwarten scheint, dass sie die Zeitung in die Hand nimmt, greift sie danach.

Hübsche junge Frauen in hübschen Kleidern nach der neuesten Mode auf einem fast halbseitigen Foto. Gut gelaunt sehen sie aus. Und eine der Frauen ist offenbar schwanger, Senora Oltuski, wenn sie die Bildunterschrift richtig interpretiert. Luftballons, Blumengirlanden und anderer Dekokram umrahmen die Szene.

«Frau Oltuski kriegt ein Kind?»

«Sieht ganz so aus», Max streckt die Hand aus, «gib' noch mal her, ich sehe mal nach dem Datum.»

Die Zeitung stammt vom April, ist also schon fast vier Monate alt, der Nachwuchs dürfte jetzt, Anfang August, bereits eingetroffen sein.

Charlet tritt hinter ihn und betrachtet das kleinere Foto, auf dem ein junger Mann mit Brille ernst und aufmerksam in die Kamera schaut: Enrique Oltuski.

«Hüte dich, ihm schöne Augen zu machen», sagt Max, «Senora Oltuski ist berühmt für ihr Temperament! Und verteidigt ihren Enrique mit Klauen und Zähnen.»

«Du tust manchmal so, als sei ich ein männermordendes Monster!»

«Bist du das nicht, Darling? Enttäusche mich nicht, ich liebe Monster dieser Art!»

«Phhhh», verärgert trinkt Charlet das Glas Orangensaft leer, das vom Frühstück übrig geblieben ist, «du willst doch immer, dass ich diese weit ausgeschnittenen Sachen anziehe! Benehme ich mich etwa daneben? Oder nicht damenhaft genug?».

Max legt die Zeitung beiseite.

«Ich schmücke mich halt gern mit dir», sagte er, einen besänftigenden Ton anschlagend, «also bitte keine Schnute, Süße!»

Der begütigende Tonfall macht sie erst recht wütend. Er behandelt mich wie ein Kind und ist selbst nur ein paar Jahre älter! Zugleich spürt sie, wie ihr Körper sich Max nähern will, wie immer, wenn er in diesem herablassenden Ton zu ihr spricht. Diese väterliche Überheblichkeit bringt sie auf die Palme und weckt zugleich ihr Verlangen.

«Hey», sagt Max, «meine Hübsche, komm mal her!»

Doch Charlet wirft ihm einen zornigen Blick zu.

Also steht er lächelnd auf, um sie an sich zu ziehen, und sie wird sofort weich. Sie lässt sich küssen. Dann löst Max den Gürtel ihres Bademantels und trägt sie zum Bett.

Charlet schließt die Augen.

Später kommt er erneut auf Oltuski zu sprechen. Er tut dies stets mit einem gewissen Stolz. Als sei Enrique

Oltuski ein Bruder oder Onkel, dessen Glanz auf die ganze Familie ausstrahlt. Mit achtundzwanzig Minister! «Zu seinen ersten Amtshandlungen hatte gehört, ITT zu verstaatlichen. Dann sorgte er dafür, dass einmal in der Woche im Fernsehen die Revolution erklärt wurde. Ich finde das eine geniale Idee.»

Sie liegen im Bett und rauchen.

«Aber das ist nicht der einzige und auch nicht der wichtigste Grund, warum Oltuski mir so imponiert», sagt Max, «Oltuski verdient vor allem deshalb Respekt, weil er es schaffte, ein perfektes Doppelleben zu führen! Stell dir vor – über Jahre wusste außer seiner Frau niemand, auch nicht seine nächste Umgebung, seine Eltern zum Beispiel, dass er im Untergrund aktiv war. Ein Shell-Manager als Revolutionär! Er gehörte schließlich zur feinen Gesellschaft, Rotary-Club undsoweiter. Das muss man erst mal hinkriegen!»

«Woher kennst du ihn denn?»

«Aus Mexiko», sagt Max knapp, «das ist aber eine lange Geschichte, die kann ich jetzt nicht erzählen.»

Sie würde ein Doppelleben ganz gewiss nicht durchhalten, erklärt Charlet, und Max versichert, das sei auch nicht nötig.

In den späten Nachmittagsstunden bessert sich das Wetter, und sie begeben sich ins Casino. Als Charlet am Spieltisch sitzt, hin und wieder den Blick eines Mannes auffangend, ist sie glücklich. Jetzt kann sie aufstehen und jederzeit gehen – und das macht den Unterschied! Das ist der Fortschritt gegenüber dem ‚Heaven', denkt Charlet.

«Auf alle Lieblingsdrinks!» Max hebt sein Glas.

Sie sprechen nie über Eugen, und auf Bemerkungen dieser Art geht Charlet nicht ein.

Doch heute fügt Max hinzu:

«Der alte Mann! Ob er noch traurig ist?»

«Keine Ahnung», Charlet zuckt die Achseln, «er kennt das Leben.»

«Ja.»

Damit scheint das Thema beendet, was Charlet nur Recht ist. Wenn Max Eugens Freund ist, denkt sie, wird er die Sache einzuschätzen wissen.

Doch Charlet täuscht sich, heute lässt Max nicht locker.

«Der alte Mann und das Meer», sagt er versonnen.

Charlet ist auf der Hut, Max ist nicht mehr ganz nüchtern.

«Hemingway», erwidert sie, als handele es sich um einen Wissenstest. Die Geschichte vom alten Mann und dem Meer hat sie als Fortsetzungsroman in Reader's Digest gelesen, «spielt doch hier auf Kuba, nicht wahr?»

«Spielt hauptsächlich auf dem Meer», entgegnet Max mit abwesendem Lächeln, «wusstest du, dass Joe DiMaggio in dem Buch vorkommt?»

«Ich weiß nicht einmal, wer das ist.»

«Der größte Baseballspieler aller Zeiten! Marilyn Monroe war mal mit ihm verheiratet.»

«Wirklich?»

«Wirklich!»

Auf was will er hinaus? Charlet ist unbehaglich zumute.

«Mit Baseball kenne ich mich gar nicht aus, und eigentlich lese ich nur Liebesromane», sie lächelt.

«Nie mehr sollst du einsam sein», Max hebt sein Glas und prostet ihr zu, der Sarkasmus ist unverkennbar.

Etwas stimmt nicht mit Max. So kennt sie ihn nicht. Sucht er Streit? Aber warum? Wieder prostet er ihr zu.

«Auf DiMaggio! DiMaggio ist nämlich ein Held!»

«Ein Held, ah, Wieso denn?»

«Ein Held ist der Dummkopf an der Seite einer Göttin», sagt Max.

Charlet hört unverhohlene Feindseligkeit.

«Ein Held», fährt er langsam fort, «ist ein introvertierter, publikumsscheuer und durchtrainierter Idiot mit scharfen Augen», er macht eine Pause, dann steht er auf. Er geht zum Fenster und sieht auf die Straße hinunter. Die Wohnung, in der sie seit ein paar Wochen leben, liegt im dritten Stock.

«Eine Zeitlang habe ich die Major League ein bisschen wirklich verfolgt», sagt Charlet und hofft, dass Max sich wieder fängt, «dann nicht mehr.»

«Warum nicht?», er klingt desinteressiert und wendet sich nicht um.

«Ach, eigentlich ist es mir doch schnurzpiepegal, ob die Giants oder die Yankees das Rennen machen», sagt sie leichthin.

In ihrem früheren Leben, jenseits des großen Teichs, gab es einen Ronny, der erbittert für die Giants war, wenn sie sich richtig erinnert.

Als sie den Schlüssel im Schloss hört, läuft Charlet zur Tür, ihr weiter Plisseerock schwingt um ihre Beine.

Sie gibt Max einen flüchtigen Kuss und nimmt ihm Hut und Mantel, einen leichten, grauen Popelinemantel, sowie die Papiertüte, die er im Arm trägt, ab.

Max ist blass und schließt für einen Moment die Augen. Dann sagt er:

«Zwanzig Jahre. Sie haben ihn zu zwanzig Jahren verdonnert.»

Charlet wartet stumm ab.

Max nimmt den Ron Santiago aus der Tüte, entfernte die Metallhülse, öffnet die Flasche und füllt die Gläser, die Charlet von der kleinen Anrichte geholt hat, fast bis zur Hälfte.

«Immerhin nicht die Todesstrafe», sagt er tonlos und leert sein Glas.

Charlet antwortet nicht

«So endet das», sagt Max düster, «jetzt zahlen die Liberalen. Und was war sein Verbrechen? Abstimmen lassen, ob man in eine neue, kommunistische Diktatur will.»

Er gießt sich nach.

«Hochverrat nennen sie das.»

Max wirft ihr einen prüfenden Blick zu, Charlet hat immer noch kein Wort von sich gegeben.

Max gießt sich erneut nach.

«Wie wär's mit einem Kaffee?», fragt Charlet.

Max geht nicht darauf ein.

«Eine Tür nach der anderen fällt zu», sagt er.

Mit dem Glas in der Hand geht er zum Fenster und sieht hinaus.

«Es sieht nicht gut aus», sagt er, «mir wird das Pflaster zu heiß. Ich nehme das nächste Schiff.»

«Aber …», Charlet stockt.

Das Aber schnurrt wie ein Luftballon, aus dem die Luft entweicht, durch die Stille und bleibt irgendwo liegen.

Max steht immer noch am Fenster, Charlet sitzt jetzt reglos auf der Couch.

«Maximo», sagt sie.

Es klingt weder bittend noch flehend noch beschwörend. Vielleicht klingt es wie eine Feststellung.

«Du kannst ja bleiben», sagt Max, «du bist ein freier Mensch, du kannst tun und lassen, was du willst. Aber denk dran: Die Zukunft hat halt nicht begonnen.»

Charlet denkt, dass Max an dieser Stelle falsch liegt. Zumindest für sie, Charlet, hat die Zukunft schon begonnen – und beginnt weiterhin, jede Stunde, jeden Tag unter Kubas Sonne, unter den neuen Göttern.

Wo es neue Götter gibt, braucht es auch neue Göttinnen. Und sie ist bereit.

«Schick' mir günstige Winde», sagt Max. Der Spott ist unüberhörbar.

Schade, denkt Charlet, schade, dass er so kleinlich ist!

«Erspar mir das Orakeln», entgegnet sie ungewohnt schroff und hebt ihr Glas.

Das Schweinemodell

Ich hab's eigentlich immer gern gemacht, also zumindest auf'm Zimmer. Nicht unbedingt das Animieren – das Animieren hat seine Tücken. Aber auf'm Zimmer war's eigentlich nie ein Problem, mir hat das gar nix ausgemacht. Als ich angefangen hab, da hatte ich mit meinem ersten Freier einen Orgasmus, meinen allerersten Orgasmus, ist das nicht witzig? Wusch! hat's gemacht. Der hat mir auch echt gut gefallen, der Typ, wirklich. Siehst du, denkbar ist alles. Der hat mit mir anschließend an der Theke noch was getrunken und gesagt, ich sei entweder eine grandiose Schauspielerin oder eine Naturbegabung, na ja.

Die Bar ist natürlich eine Nische. Aber eine Nische, wo alles reinkommt, alle Bevölkerungsschichten. Ich sag dir, 90 Prozent der Männer sind Bargänger. Wenn nicht noch mehr. Ganz normale Typen, dein Nachbar, der Lehrer deiner Kinder, quer Beet eben. Aber so unterschiedlich die Jungs auch sind – in einem sind alle gleich: sie wollen gehätschelt werden. Ich meine, wir hätscheln sie ja auch. Is ja unser Job, das Hätscheln. Wenn sie brav sind. Sind sie ja aber fast immer. Aber letztendlich musst *du* dafür sorgen, dass sie brav sind. *Du* hast das Stöckchen in der Hand. Is nich einfach, Herzchen, aber das kommt schon mit der Zeit. Das kriegste schnell spitz. *Du* musst wissen, wo's lang geht. Dann kann's laufen, wie er's haben will. Klar, da musst du schon Antennen ausfahren. Aber von nix kommt nix. Will er dich cool? Will er dich verschmust?

Ganz sanftes Bambi? Oder frech? Oder gleich ganz die Mamma? Das musste rauszukriegen, davon hängt alles ab. Es sind aber nicht alle Männer nett. Manche sind auch echt fies. Kommen rein, um fies zu sein. Ich weiß gar nicht, was die in der Bar wollen. Warum die dafür bezahlen, um fies sein zu können. Was wollen die Fieslinge in der Bar? Die meisten sind aber harmlos. Mamas Liebling. Die wollen das Gefühl haben – hey, ich bin wirklich ein Supertyp! Ein toller Hecht! Das musst du ihm vermitteln. So läuft's. Deshalb kommen sie in die Bar. Und Recht geben musst du ihm. Lass ihn reden und gib ihm Recht. Das hält ihn bei Laune, na, du weißt schon. Und dann denkt er nicht mehr ans Geld. Dann ist er bereit, in dich zu investieren. Weil er dich toll findet, 'ne Super-Frau. Dann bist du für heute seine Queen.

Das Schöne an der Bar ist für die Jungs doch, dass sie keine Angst vor Ablehnung haben müssen. Dass sie keinen Korb kriegen. Dass du keine Zicken machst und er keine Kompromisse machen muss und keine Verpflichtung eingeht, das ist der Zauber. Sie müssen sich nicht die geringsten Gedanken über uns machen, mit uns gibt's keinen Ärger. Na, und das sind die Hunnis schon wert.

Ganz am Anfang war ich ein unglaubliches Gänschen, das kann man sich gar nicht mehr vorstellen. Ich hatte mich auf eine Stellenanzeige hin in der Bar beworben, war auch alles klar, konnte gleich anfangen. Ich hab tatsächlich gedacht, es wär in der Bar wie in den alten Filmen, man sitzt leicht bekleidet rum und trinkt mit den Herren Champagner und Cocktails. Das hab ich tatsächlich geglaubt. Und ich bin fast vom Hocker gefallen, als ich mal gefragt habe, wo is'n die und die? und meine Kollegin sagte, die sei auf'm Zimmer. Wie – auf'm Zimmer? hab ich gefragt. Bis dann der Groschen gefallen ist bei mir, und ich kapiert hab, dass es nicht ums Champagnertrinken ging und du immer das Separee im Auge haben musst, weil sonst nix rumkommt. Weil sonst ja nicht gescheit verdient wird. Na ja, gut, hab ich gedacht, dann ganz oder gar nicht, und hab's eben ganz gemacht. Und es hat mir auch gar nix ausgemacht, auf'm Zimmer, das war easy going.

Du wirst schon noch merken – sie stehen unheimlich drauf, dass du auf sie abfährst. Dass du echt scharf bist auf ihn – das ist das Schönste für einen Freier. Dass er das Gefühl hat, du bist heiß, er hat dich heiß gemacht. Dafür lässt er was springen, *dafür* zahlt er in Wirklichkeit. Er zahlt dafür, dass er dich gut bedient. Dass du dich vielleicht sogar ein bisschen verliebst in ihn. Das ist das Geilste für die Jungs, wenn sie sich vorstellen, dass eine Nutte sie wirklich mag, wirklich abfährt auf sie. Dass sie alle anderen Männer ausstechen. Ich bin der Beste, heißt das. Der Held ist die Ausnahme-Erscheinung. Der Beste. Deshalb kommt er in die Bar.

Es geht im Barbetrieb immer um Täuschung und Selbsttäuschung – du musst dich nämlich auch selbst täuschen können, du musst das Spiel mitspielen können. Das muss dir irgendwie liegen, die ganze Atmosphäre, irgendwie muss dich das selbst anmachen, die Musik, die Klamotten, der ganze Kram eben. Und du musst auch Ehrgeiz reinsetzen. Wenn du deinen Job nicht gut machen willst, fang erst gar nicht an damit. Aber wenn, dann musst du auch ehrgeizig sein. Das hältste sonst auch nich durch. Sein, was du scheinst, das isses. Streckenweise zumindest. Nicht jede ist ja ein Naturtalent. Aber ob Naturtalent oder nicht – das braucht der Freier gar nicht zu wissen. Das ist ja die Hauptregel: Der Freier darf alles essen, aber nicht alles wissen!

Wie eine gute Schauspielerin eben. Du musst da selbst auch eine Sehnsucht nach haben, wie im Kino, wo man auch in die anderen reinschlüpfen kann, wo du dich mal traurig fühlen kannst oder superschön oder weiß der Geier. Begehrt. Sonst wird das nix. Aber dafür hält unser Beruf uns auch jung! Sieh mich an – in dem Licht geh ich für dreißig durch – oder?

Soll ich dir mal was sagen? Eigentlich sind wir nicht nur die Schauspieler auf einer Bühne, wir sind die Bühne selbst. Hört sich bescheuert an, ich weiß. Trotzdem. Wir sind die Bühne. Der Bühnenraum meinetwegen, die Bar eben, und die Männer sind die Schwänze. Wir sind da, und sie gehen rein und raus. Wir sind nicht wir selbst, wir sind die Institution. Rein, raus. Rein, raus. Wir helfen beim Träumen. Dazu sind wir da. Das ist alles. Das ist *magic*, weißte, das ist der Zauber. Das ist der ganze Zauber. Na ja, das is 'ne ganze Menge. Mit Normalität hat das nix zu tun, behalt' das immer im Kopf, dass die Bar nix mit Normalität zu tun hat, Schätzchen! Dass man das fein säuberlich trennen muss! Die Männer dürfen sich in dich verlieben, das ist okay. Aber du – verlieb dich bloß nicht in einen Freier! Das kann nix werden, er wird nie vergessen, wo und wie er dich kennengelernt hat. Ich weiß, wovon ich rede! Glaub mir!

Es gab da mal einen, ein Geschäftsmann, ein Grieche, der brachte erst immer Kollegen mit, die wollten so 'ne kleine Orgie, mehrere Männer und Frauen. Und das haben wir auch gemacht. Das war auch alles okay soweit. Aber dann kam der auf einmal allein. Und in den hatte ich mich dann richtig verliebt. War schon älter, in der Welt herumgekommen, hat viel erlebt, der war super nett und super lieb und ich hin und weg. Der hatte mich irgendwann mal zum Essen eingeladen, mittags, das war zwar verboten, aber ich habe es trotzdem gemacht. Nach dem Essen hat er mir 1.000 Euro in die Hand gedrückt: Vielleicht musst du dafür einen Tag weniger in der Bar arbeiten, hat er gesagt. Oh, und das fand ich unheimlich nett, aber auch unheimlich schrecklich. Wir hatten auch darüber geredet, irgendwie zusammen zu sein. Aber, ich denk, sich unter diesen Umständen kennenzulernen – der hätte nie vergessen, dass ich eine Nutte bin, nicht vollwertig, beschmutzt. Und ich hätte es auch nicht vergessen können. Den Schatten kriegst du nicht los, da kannst du wischen, wie du willst, das wird nicht sauber. Merk dir das. Ich hab's abgebrochen, hat keinen Zweck, so was weiter zu verfolgen.

Weißt du, Schätzchen, das ganze Spiel geht doch darum, gewollt zu werden. Darum geht es: Gewollt zu werden oder nicht gewollt zu werden. Also ich will niemanden mehr wollen. Mir ist das eine furchtbar unangenehme

Vorstellung, jemanden zu wollen, da ist mir ganz unbehaglich zumute dabei. Echt zuwider ist mir das, überhaupt nicht wohl ist mir dabei. Auf keinen Fall mehr Sehnsucht haben! Das kommt überhaupt nicht mehr in die Tüte. Ich will keinen mehr wollen. Aber gewollt werden, na klar. Stell dir mal vor, du sehnst dich nach jemand und der will dich gar nicht. Das ist doch der Super-GAU, das ist die absolute Katastrophe. Nee, nee, das hat man vielleicht mal im Mutterleib gehabt, wo man sich aufgehoben gefühlt hat und geborgen und befriedigt und erfüllt und der ganze Kokolores. Aber das ist gewesen. Ich sag dir, die Bar ist okay. Und wenn du richtig gut bist, kannst du dir später mal auch die rauspicken, die du haben willst. Musst dann nicht mehr jeden Dummbeutel rumkriegen. Dann triffst du die Auswahl. Musst halt gut sein. Du darfst dich halt nicht auf die faule Haut legen. Wirst nicht dafür bezahlt, dass du es dir bequem machst. Aber klug musst du immer sein. Wissen, was Sache ist. Mach dir nix vor! So nett sie in der Bar sind, solche Schweine sind sie außerhalb.

Einmal kam einer rein in die Bar, den kannte ich auch aus meinem privaten Umfeld. Erst war der etwas perplex, dann sind wir aufs Zimmer und es war okay und nett. Zu dieser Zeit hab ich auch noch als Bedienung gearbeitet, und eines Tages kommt der zufällig da rein, mit seiner Freundin. Wie der mich angesehen hat – Urghh! – Bloß damit ich ihm nicht zu nahe komme, oder irgendwie klar wird, dass wir uns kennen. Der hat getan, als hätte ich die Krätze oder sonst was. Und zu seiner Freundin war er nicht halb so nett wie zu mir in der Bar. So ein kleiner, mieser Wichser! Hat mich die ganze Zeit nicht beachtet und getan, als wär ich Luft. Und dann hat er seine Freundin nach Hause gebracht – jedenfalls tauchte er nach 'ner Weile wieder auf. Der hat sich doch tatsächlich vorgestellt, der könnte mich jetzt vögeln. Dieses Dreckschwein!

Und ich wette mit dir, das ist nicht die Ausnahme. Männer sind Schweine! Und für so einen musst du die Antennen ausfahren, musst dich einfühlen in so einen Dummbeutel – das ist doch das Letzte! Und am Ende weißt du nicht mehr, wer du selber bist und wie du selber bist. Das macht einen doch kirre! Lass mich, es geht wieder vorbei ... Es ist doch wahr! Am liebsten würdest du doch zu dem Idioten an der Theke sagen, verpiss dich, hau ab, lass mich in Ruhe! Ich sag dir – das Animieren ist das Letzte! Das Anbiedern, das Hintenreinkriechen. Du willst den Kerl doch gar nicht kennenlernen, aber du musst ihm Brei ums Maul schmieren. Das ist doch Scheiße! Das ist doch alles nichts als Scheiße! Nein – es ist okay, es ist schon gut, es ist alles in Ordnung mit mir. Es ist nur, weißt du was die allergrößte Scheiße ist? Ich sag's dir! Pass auf, ich werd's dir sagen: die allergrößte Scheiße ist, dass es dich trotzdem total fertig macht, wenn der dich nicht will. Vielleicht, weil er 'ne andre will oder gar nicht will. Eigentlich willst du doch, dass alle auf dich fliegen, dass jeder mit dir will. Dann braucht man sich auch nicht so verrenken. Das kränkt einen doch in der Tiefe der Seele, dass man sich dafür so verrenken muss!

Zweiter Teil

PENELOPE-VARIATIONEN

Das Taubenmodell

«Hallo, ich bin's!» Eine kehlige Stimme.

Wer oder was gehörte zu dieser Stimme?

Den Hörer mit der namenlosen, kehligen Stimme ans Ohr gepresst, einer Stimme aus einem anderen Leben. Eine Stimme, die sie hinunter riss in den Schacht, Vergangenheit, Verwirrung, zurück, zurück, als könne die Zeit von ihrer natürlichen Bahn abkommen, aus der Bahn geworfen, gesprengt werden.

Dann erkannte sie ihn.

Kurze Zeit später saß er in ihrer Küche, von den Toten auferstanden, von den Wolken herabgestiegen, aus der Unterwelt zurückgekehrt.

Er schlug die Beine übereinander und hielt mit einer Hand die andere fest, vielleicht, um seine Aufregung oder Angst zu verbergen. Auch ihre Hände waren eiskalt, sie legte sie an ihre Wangen. «Ohne Schminke bin ich kaum mehr anzusehen», lachte sie und begann, Kaffee zu kochen.

Reglos schaute er ihr zu, die Beine übereinander geschlagen, die Hände umklammert. Sie schraubte die achteckige Espressokanne auf und leerte den Kaffeesatz in den Biomüll. Sie sagte, für sie sei es immer wie in der Geschichte mit den Geschwistern am Bahndamm gewesen.

«Die beiden Kinder, die die Züge zählten, erinnerst du dich?»

Er nickte vorsichtig. Als fürchte er, die geringste Erschütterung, der leiseste Lufthauch könne die Rückkehr in ihr Leben gefährden.

«Das war das Glück», sagte sie und säuberte den Filtereinsatz der Kanne.

«Weißt du auch noch, wie die Geschichte ausging?»

«Nein», sagte sie, und wandte sich zu ihm um.

«Es kam kein Zug mehr, und damit war es vorbei.»

Sie lächelte.

Er erwiderte das Lächeln.

Sie hielt die Kanne unter den Wasserhahn, seinen Blick in ihrem Rücken, sie spürte ihn wie eine Berührung. Als die Kanne bis zum Sicherheitsventil mit Wasser gefüllt war, drehte sie den Hahn zu.

Hemingway war sein Lieblingsschriftsteller, damals hatte er ihr öfter Hemingway vorgelesen, auch die Bahndamm-Geschichte.

Damals, in dem anderen Leben.

Sie hatte das Ende der Erzählung tatsächlich vergessen. Aber das Ende war nicht wichtig. Wichtig war das Rauschen der Bindung zwischen den beiden Kindern, diese vibrierende Vertrautheit, das Flirren der Nähe. Daran erinnerte sie sich noch deutlich, an dieses Flirrende zwischen den beiden. Wie ein elektrisches Feld.

Sie entzündete die Herdflamme und stellte die Kanne darauf.

Er sagte, alles brauche seine Zeit, und seufzte.

Sie stellte Milchtüte und Zucker auf den Tisch, er hatte seinen Kaffee stets mit Zucker und Milch getrunken. Dann setzte sie sich und wartete, dass der Kaffee hochsprudeln und fauchend der Dampf entweichen würde.

Wie versteinert er da saß! Wie auf seinen Stuhl geschraubt.

Sie nahm die Kanne vom Herd und goss ein.

Er griff nach dem heißen Becher, um ihn mit beiden Händen zum Mund zu führen und vorsichtig einen Schluck zu trinken, während sein Blick an ihr vorbei aus dem Fenster ging.

Was sah er dort? Eine brandgeschwärzte Ziegelmauer? Ein Menetekel?

Auch er brauchte Zeit.

Sie schwiegen, tranken. Er fixierte die Mauer, auf die das Fenster hinausging. Eine Bombe aus einem fast vergessenen Krieg hatte die Lücke gerissen. Jetzt war der Blick auf die Brandmauer frei. Auf Mauerblümchen, die sich in den Ritzen festkrallten, sich halb verdorrt der Sonne entgegen streckten.

Er hob den Becher zu den Lippen, trank und seufzte.

Das Schweigen. Alles Wichtige war darin untergebracht. Sie dachte an das jahrelange, jahrzehntelange betäubte Herumtappen im gespenstischen Warten, ein Warten, das so anders war als dieses hier, dieses scheue Fremdsein, das sich auflösen würde wie Nebel in der Sonne.

Sie dachte, dass sie ein Spinnchen gewesen sei all die Jahre, ein Insekt, hierhin, dorthin rennend, dieses und jenes erledigend, ruhelos und fühllos die Zeit abspulend. Sie dachte an die erste Zeit nach seinem Verschwinden, wo sie sich mit anderen Männern zu trösten versucht hatte. Körper zwischen ihn und sich schieben, um ihn auszulöschen. Natürlich gelang das nicht, es hatte, im Gegenteil, alles nur noch schlimmer gemacht. Man kann das Schicksal nicht betrügen, dachte sie. Bestenfalls konnte man den Schmerz in Schach halten, ihn zähmen, um ihm keine allzu leichte Beute zu werden.

Wie ein Radfahrer in einem Velodrom sauste ein Gedanke immer wieder an ihr vorbei: Da sitzt er, er ist wieder da, sitzt dort, eine Armlänge von mir entfernt, das ist Gewissheit. Runde um Runde tauchte das in ihrem Kopf auf: Da sitzt er, sitzt und seufzt, ist da, wirklich.

Er war dicker geworden, oder zumindest kräftiger. Massiver. Massive Gegenwart, die jeden Kubikzentimeter ihrer Küche ausfüllte. Fast nahm es ihr die Luft zum Atmen. Eng wurde einem in der Brust, und die Vorstellung, das kleine Schlafzimmer mit ihm zu teilen, hatte etwas Beängstigendes.

Ob sie das Nachtlager auf dem Balkon aufschlagen sollte? Unter freiem Himmel war genug Platz für das, was er mit sich trug. Der Einfall wurde aber sofort wieder verworfen. Idiotisch, dachte sie und musterte ihn verstohlen. Er hielt immer noch den Blick fest aus dem Fenster gerichtet. Damit sie ihn in Ruhe betrachten konnte vielleicht. Damit sie ihn, der nichts verriet, studieren konnte.

Er kam ihr vor wie einer, der zu lange in den Wäldern gewesen war. Der erst wieder lernen musste, es in Gesellschaft von Menschen, in ihrer Nähe, auszuhalten. Zu lange und zu tief in der Einsamkeit, dachte sie, auch ein sorgfältig gestutzter Bart konnte darüber nicht hinwegtäuschen. So etwas konnte man auch unter dem besten Bartschnitt nicht verstecken, dachte sie, so eine Verwilderung. Dieses Entlangschrammen an den Rändern. Das schüttelte man nicht aus den Kleidern, das setzte sich fest.

Ein wenig grauste ihr vor ihm. Vor seinen Irrfahrten und dem irren Gelichter hinter der kantigen Felsenstirn. Über ihren Köpfen blitzten die Kristalltropfen eines Kronleuchters. Die Lampe hatte sie vor Jahren auf einem Flohmarkt erstanden und in die Küche gehängt. Träume von Glanz und Glorie, Abgesang und Untergang als Spiel mit der Sonne. Das Fenster nach Westen, in dem die Sonne gleißte. Abgeschabte Hoffnungen, die aufstrahlten und blitzten.

Es sei gut, wieder da zu sein, sagte er und stellte seinen Becher ab. Und dieses Rinnsal kleiner Worte, mehr gemurmelt als gesprochen und von einem schnellen Seitenblick begleitet, löste den Bann.

Er fügte hinzu, er sei sich nicht sicher, ob dies der passende Satz für ein zweites Leben sei.

«Ich glaube schon», erwiderte sie, und er atmete erleichtert auf.

Sie lächelten einander an.

Als er in seine Jackentasche griff und drei nicht sehr große Röhrenknochenstücke hervorholte, sauber ausgekochte, weiße, runde Knochen, vermutlich von einem Lamm, sie auf den Tisch legte und sagte, mehr sei nicht zu gewinnen gewesen, leider, und sie ernst ansah, beugte sie sich vor und küsste ihn auf den Mund, der genau so weich und nachgiebig war wie immer.

Eine Stunde später sang er *Gute Ruh, gute Ruh, tu die Augen zu.*

Wie sehr sie die pulvrige Kreidigkeit dieser Stimme liebte!

Will dich betten kühl, er war wieder da, und nichts war verloren und nichts hatte aufgehört.

Sie lag in den Kissen und hörte ihm zu, wie er sie umsang.

Alles war ganz leicht gegangen, er war wieder da, er war wieder zurück, zu Hause, bei ihr. *Und der Himmel da oben, wie ist er so weit.*

Wenn sie die Augen schloss, sah sie noch immer sein von Lust verzerrtes Gesicht vor sich. Bis auf den Grund ihres Wesens sank dieses Bild, in sie eingesenkt war dieses Bild, hineingeschrien war es. Einen Wunsch frei haben, dachte sie, einen einzigen. Dass er bleiben könne. Dass er treu bleiben könne.

Noch inniger schien seine Liebe geworden. Wie war das nur möglich?

Er hatte zu singen aufgehört, ein leises Schnarchen verriet, dass er eingeschlafen war. Sie rührte sich nicht, ganz in die Wärme eingehüllt, die von ihm ausging, eingebettet in seinen Duft, in seine Betörung.

Als sie eine Frauenstimme schluchzen hörte, wusste sie, dass es seine Mutter war, die schluchzend sagte: Solidarität! Darauf kommt es an, dafür bekommt er auch sein Futter! Verwirrt schrak sie hoch – Antikleia war doch schon lange tot! Aber es war gar nicht Antikleia, seine Mutter, die geschluchzt hatte, sie selbst war es, und ein letztes Schluchzen steckte noch immer in ihrer Kehle und schnürte sie zu.

Sie richtete sich auf, um den Traum loszuwerden, und räusperte sich. Ihr Gesicht war ganz nass, sie musste geweint haben.

Er lag neben ihr. Sein Arm ruhte auf ihrer Hüfte. Vorsichtig schob sie sich darunter hervor, kroch aus den Decken, stellte einen Fuß auf den Boden. Einen kurzen Moment setzte das Schnarchen aus, und sie hielt sofort in ihrer Bewegung inne. Dann wurde sein Atem wieder regelmäßig, und sie stahl sich aus dem Bett.

So leise sie konnte, räumte sie in der Küche das Geschirr in die Spülmaschine und inspizierte ihre Essensvorräte. Sein überraschender Besuch hatte ihr keine Zeit zum Einkaufen gelassen.

Sie fand eine Dose Artischockenherzen, öffnete sie und beträufelte das Gemüse mit Essig und Öl. Dann nahm sie Speck und Eier aus dem Kühlschrank.

Er würde hungrig sein.

Als sie mit ihren Vorbereitungen fertig war, stellte sie sich ans offene Fenster, um in das durchsichtige Blau zu schauen. Ein Himmel, der sich von einer Vollkommenheit zur anderen erstreckte, an den Rändern rosarot gefärbt. Zwei Tauben trippelten auf der Mauer herum, ein in der warmen Abendsonne poussierendes Pärchen.

Andere Glücksmomente fielen ihr ein. Ein Juniabend, an dem er durch die Weinberge geradelt war und ihr begeistert von dem Funkeln über dem Tal erzählte. Millionen leuchtender Junikäfer. Auch damals hatte seine Hand in der Jackentasche etwas hervorgezaubert. Als er seine Faust wieder hervorzog, vorsichtig, ganz vorsichtig, um die zerbrechliche Kostbarkeit nicht zu beschädigen, sagte er: Da, ich habe dir einen mitgebracht! Als wolle er etwas hineinfüllen, hatte er seine Faust in ihre Hand gelegt und ihre Finger darum geschlossen, ganz behutsam, damit nicht entweiche, was er ihr gab.

Unter unaufhörlichem Gurren umtanzten die Vögel einander und woben Sommer aus Klang.

Den Vogel mit dem metallisch blaugrün glänzenden Gefieder hielt sie für das Hähnchen, denn der andere war bräunlich unauffällig. Doch beide hatten sie zimtfarbene Schwanzfedern. Und beide mühten sich, Eindruck aufeinander zu machen. Brustfedern wurden gespreizt, Verbeugungen zelebriert.

Lächelnd wandte sich die Frau vom Fenster ab und begab sich ins Bad.

Nur die Liebe zählt dich an

Ein nagelneuer bronzefarbener Audi RS5 trödelte vor ihr herum, Josie blinkte und setzte zum Überholen an. Als sie auf gleicher Höhe waren, gab der Fahrer Gas.

Arschloch!, dachte Josie, Wichser! Auf solche Spielchen lasse ich mich nicht ein!

Sie ging vom Gas. Wichser, dachte sie, gottverdammter Idiot. Für wen hältst du dich denn? Und für wen hältst du mich, du hirnampultierter Schmierenkomödiant!

Fluchen war gesund und reine Energie und vor allem beim Autofahren unabdingbar.

Der Audifahrer wurde wieder langsam.

Du Depp, du idiotischer! Und wenn du denkst, ich leide am Tourette-Symdrom, dann hast du dich geschnitten!

Der Typ glotzte in seinen Rückspiegel und drosselte weiter das Tempo.

Josie nahm die nächste Ausfahrt.

Das passierte immer wieder, damit musste man rechnen, wenn man diesen Wagen fuhr. Alle wollten es einem dann zeigen.

Sie war jetzt auf die Landstraße eingebogen und immer noch wütend. Dieser beschissene Angeber!

Dabei wusste sie genau, dass ihre Wut nicht dieser lächerlichen Provokation geschuldet war. Sie selbst ging sich auf die Nerven, schließlich hatten sie Freiheiten eingeräumt. Was also soll das eifersüchtige Geplärr, Josie?

Verdammt! Verdammt! Verdammt! Sie hatte kein Recht auf Zorn.

Sie bemerkte, dass weiter vorne ein Sprinter gefährliche Schlangenlinien fuhr, und vergrößerte den Abstand. Besoffen oder bekifft, dachte sie, oder er hantierte mit dem Smartphone herum, Idioten allesamt! Was ist das nur für eine elende Verscheißerei!

Fluchen war das beste gegen das Verrücktwerden. Natürlich war eine gute Ehe nicht ohne Kompromisse zu haben, ohne gewisse Freiheiten, Sommerflirts, Winterspiele, natürlich musste man dem Anderen Raum lassen. Es war nie ans Eingemachte gegangen. Doch jetzt fühlte sie, dass sich etwas geändert hatte. Dass irgendjemand die Karten neu mischte. Aber wer?

Sie setzte den Blinker, überholte das Fahrzeug vor ihr und fädelte sich wieder rechts ein. Sie musste den Tacho im Auge behalten, sie musste sich selbst im Auge behalten, alles andere half niemandem.

Als die erste Patientin eintrat, hatte Josie sich wieder einigermaßen im Griff. Sie würde unter dem wehleidigen Gejammer der Frau hindurchtauchen. Die eigenen Emotionen registrieren und sie beobachten. Frei flottierende Aufmerksamkeit nicht nur den Patienten, sondern auch sich selbst gegenüber.

Josie schenkte den Klagen der Patientin über den Gatten ein wohlwollendes Ohr und stellte fest, dass sie seit Wochen im gleichen Wortlaut daher kamen.

Wie ein Satellit die Erde umkreiste die verzweifelte die

Fehler und Unzulänglichkeiten ihres Mannes.

Josie wusste, dass die meisten Hilfesuchenden von ihr, der Therapeutin, erwarteten, dass sie ihnen ihr Leben wieder einrenkte wie eine ausgekugelte Schulter. Und das war ja zunächst auch ihr gutes Recht, es brauchte seine Zeit, bis die Erwartungshaltung bewusst gemacht und die Verantwortung für sich selbst angenommen werden konnte.

Schluchzen und Schniefen an der Klagemauer.

Manchmal beneidete Josie ihre Patienten. Das hast du nun von deiner selbst verschuldeten Mündigkeit, dachte sie und genoss ihren Sarkasmus wie einen Zug aus einer schwarzen, filterlosen Zigarette. Sie unterdrückte ein Seufzen und nahm sich vor, Kontakt zu ihrem alten Lehranalytiker aufzunehmen, sie brauchte ein Ohr, Edward Rothaar, von ihr schlicht Rothaar genannt, besaß das Ohr, das sie brauchte. Hoffentlich ließ er sie nicht hängen, hoffentlich konnte er Zeit für sie freischaufeln.

«Kaffeesatz?», wiederholte Josie. Das Aufgreifen des zuletzt Gesagten, war eine bewährte Technik, um das Gespräch in Gang zu halten.

Doch die Patientin schwieg, sperrte sich, schien im Widerstand.

Auch Josie schwieg, wohl wissend, dass kein Schweigen ewig dauerte und sich in diesem verbockten Schweigen die Wahrheit versteckte. Geduldig wartete sie ab.

«Die Vergangenheit ist unser aller Feind», sagte die Patientin resigniert, «und natürlich weiß ich, dass sie auch der Weg der Erkenntnis ist, und der Weg zu sich selbst.»

Ein paar Tage später schaute Josie Rothaar in die Augen.

«Gut, dass du da bist», sagte er. Und nachdem sie eingestanden hatte, sich zunehmend aggressiv zu verhalten, versprach er, zusammen mit ihr nach angemessenen Formen der Selbstbehauptung zu suchen. Es hatte Tränen gegeben, und das hatte gut getan, sie wieder zusammengefügt.

Jetzt saß sie in einer kleinen Kaffeebar in der Innenstadt. Ein Plätzchen in der Ecke. Gedämpfte Hintergrundmusik, gedämpftes Hintergrundlicht, gedämpfte Unterhaltungen an den anderen Tischen. Genau das, was sie jetzt brauchte.

Rothaar hatte behauptet, sie sei gekommen, um sich die Erlaubnis zum Leiden einzuholen. Schließlich sei es das, was sie sich am meisten verboten habe.

«Eine enorme narzisstische Kränkung, nicht wahr, dass auch du nicht gegen Herzschmerz gefeit bist.»

«Ist Verzweiflung denn verzeihbar?»

Eine lässliche Sünde, hatte Rothaar geantwortet und gegrinst.

Das sanfte Barlicht, die entspannte Atmosphäre, Gäste in ruhigem Gespräch oder bei der Zeitungslektüre, sie war dankbar.

Sie wolle nicht nur sich verzeihen, sondern auch dem Liebsten und ihm nichts nachtragen, hatte sie geschluchzt. Nachtragen sei auch schlecht fürs Rückgrat, hatte die lakonische Antwort gelautet, und sie hatten weitere Termine vereinbart.

Josie schwenkte ihr Cognacglas. Ölig tanzte der Inhalt und ließ spitzbogige Schlieren an der Innenwand zurück, filigrane Muster, die an gotische Kirchenfenster erinnerten, dann ließ sie einen großen Schluck über die Zunge laufen. Genau das Richtige! Für die Spitzbögen war ein Gesetz mit einem komplizierten Namen verantwortlich. Veränderung der Oberflächenspannung durch Verdunstung, wenn sie sich richtig erinnerte. Alkohol konnte so die Schwerkraft überlisten. Im Physikunterricht hatten sie diesen Effekt in sich nach oben verjüngenden Gläsern beobachtet, und zu Hause hatte Josie weiter mit Alkohol experimentiert, hatte aus Selbstgebranntem, Zucker und Eigelb Eierlikör hergestellt und sich eine Versuchsanordnung ausgedacht, die mit einer Alkoholvergiftung geendet hatte. Eigentlich wollte sie ihren Rausch dokumentieren und sich Schreibheft und Stift zurecht gelegt, um ihre Befindlichkeit in Korrelation zur Anzahl der getrunkenen Schnapsgläser mit Eierlikör festzuhalten. Sie erwachte anderntags in ihrem Erbrochenen, und für Jahrzehnte war ihr selbst der Geruch von Eierlikör unerträglich.

Mit den Notizen war wenig anzufangen: nach fünf Gläsern nur mehr ein Strich quer über das Blatt, wahrscheinlich als sie vom Stuhl gesunken war.

Vater hatte kein Wort über die ganze Sache verloren. Wie hieß die Physiknonne noch mal? Vero, ja Schester Vero. Ihre Lieblingsnonne und Mutterersatz war Schwester Annunziata. Aber kaum hatte sie das Abi in der Tasche, war auch Schwester Annunziata vergessen. Wie undankbar sie war!

Josie sah zu dem Jungen hinterm Tresen hinüber, der die Spülmaschine ausräumte und Kaffeetassen und Tabletts stapelte. Er mochte so alt sein wie Kostas. Es war gut, dass Kostas gerade ein Austauschjahr in Kanada machte, es war gut, dass er mit sich und seinen Dingen beschäftigt war, das erleichterte sie.

Sie hob ihr Glas. Eine goldbraune Pfütze schwamm auf dem Boden, die Spitzbögen waren schon wieder verschwunden.

Josie winkte dem jungen Mann zu und bat um die Rechnung.

«Kommt gleich!»

Sie verließ das Lokal mit dem festen Vorsatz, wiederzukommen. Sie musste neue Gewohnheiten entwickeln, ihrem Leben Stützpfeiler einzuziehen.

In der Seitengasse, in der das ‚Orlando' lag, war es menschenleer. Es begann zu nieseln. Feuchteschleier umwaberten die Straßenlaternen. Josie beschleunigte ihre Schritte, ihre Absätze schlugen laut auf das Katzenkopfpflaster. Das Gefühl, sich in einem Film zu befinden, kehrte zurück. Die Frau, die vordem in der Bar zu sehen gewesen war, ist jetzt eine schemenhafte Gestalt in einer menschenleeren Gasse. Die Musik signalisiert Gefahr und Unheil, und das Echo einsamer Schritte hallt von den Wänden. Jetzt könnte ein Mord geschehen. Aus der nebligen Verschwommenheit tritt ein Schatten, es gibt ein kurzes Handgemenge, und dann sinkt ein Körper auf das vor Nässe glänzende Pflaster, während eine andere Gestalt in die Dunkelheit eilt. Kamerafahrt auf ein erleuchtetes

Fenster, ein Wohnzimmer, Leute auf der Couch, Mann und Frau, sie sehen fern, Montagskrimi.

Du und deine Phantasie, da kann einem ja unheimlich werden! Hatte das Schwester Annunziata gesagt? Vater? Nein, Vater nicht, dem wurde nicht unheimlich. Und überhaupt, wieso unheimlich? Man brauchte jede Menge Phantasie, wenn man bei den Nonnen aufwuchs. Auferstehung von den Toten, das mochte man sich gar nicht vorstellen, die Auferstehung des Fleisches, ihr wäre schon als Kind lieber gewesen, die Toten blieben, wo sie waren – in ihren Gräbern. Den Heiland selbst mochte sie gern, seine sanften Mandelaugen, den gepflegten Bart, auf den Herz-Jesu-Bildchen sah man sein von goldenen Strahlen umkränztes himbeerbonbonrotes Herz in der offenen Brusthöhle.

«Sie halten der Beziehung die Treue, nicht wahr?», sagte sie zu der Patientin.

Das Gesicht der Frau hellte sich auf.

«Ja.»

«Und ihr Mann – schätzt er das wert, Ihre Treue zur Beziehung?»

Der Blick der Frau ging aus dem Fenster.

«Nein, vermutlich schätzt er es nicht wert», sagte sie, «er verachtet mich eher dafür.»

Zumindest halte er sie für schwach, fügte sie hinzu, für jemanden, dem keine Wahl bliebe.

Josie suchte nach behutsamen Worten, sprach von Ablösung und Entwicklung und wusste, dass sie die Schallmauer nicht durchbrach.

Treue ist manchmal wirklich eine Behinderung, dachte sie, da hat Rothaar Recht!

«Was, denken Sie, müsste geschehen, um die Beziehungskonten – ich meine beide Beziehungskonten, das Ihre und das Ihres Mannes – auszugleichen?»

«Er müsste mich lieben, mehr lieben, oder mehr zeigen, dass er mich liebt.»

«Dann wäre das Geben und Nehmen ausgeglichen?»

Die Patientin nickte.

Josie sprach vom Lebensskript, das in der Kindheit angelegt werde, von alten Mustern, die es bewusst zu machen gelte, von neuem Blick auf aktuelle Krisen.

Sie werde mit der Dame Verbindung aufnehmen, sagte sie am Mittagstisch.

Sie hatte erwartet, dass Odo bei dieser Ankündigung Messer und Gabel beiseite legen würde, weil ihm der Appetit verging. Er blieb ganz ruhig. Er aß ungerührt weiter.

«Treffen? Wozu soll das gut sein?», fragte er, ohne hoch zu blicken. Auf seinem Teller lag Lachs und Spinat.

Die Antwort auf seine Frage lautete: Um meine Zukunft zu reparieren. Doch Josie zog es vor, die Frage zu ignorieren.

Odo wiederholte seine Frage nicht, er hob auch nicht den Kopf, als sie schwieg, denn es war nur rhetorisch gemeint gewesen. Ungerührt führte er Gabel für Gabel zum Mund.

«Soll ich einen Kaffee machen?» Ihre Stimme klang sanft.

«Ich weiß nicht», erwiderte Odo und griff nach der Schüssel, um sich noch einmal den Teller zu füllen, «ich glaube, ich muss los.»

Josie betätigte aber schon die elektrische Kaffeemühle. Das Mahlwerk lärmte.

«Ich mach mal zwei Tassen», rief sie fröhlich, das Kaffeemahlen übertönend, «es geht schnell.»

Sie legte eine Filtertüte in den Porzellanfilter. Er, der Umweltaktivist, verabscheute Kaffeemaschinen und Alukapseln, und so wurde in ihrem Haushalt Filterkaffee gekocht.

Odo warf einen Blick auf seine Armbanduhr.

«Ich nehme meinen Kaffee mit rüber, danke! Um zwei muss ich los!»

Er gab Josie einen flüchtigen Kuss und verließ die Küche, den Kaffeebecher in der Hand.

«Bis heute Abend!»

Das Telefon klingelte.

Rothaar.

Er bat um eine Verschiebung des heutigen Termins, er sei krank.

Josie wünschte gute Besserung und legte enttäuscht auf. Ausgerechnet heute! Ausgerechnet dann, wenn sie ihn unbedingt brauchte. Sie war nervös. Sie war ins Leere gelaufen und wütend. Viel zu angespannt, um am Manuskript zu arbeiten. Sport? Das würde helfen. Sie konnte sich aber nicht überwinden. Es widerstrebte ihr, sich jetzt auch noch auf dem Cross Trainer zu quälen. Lieber unter Leute gehen, shoppen oder ins ‚Orlando' oder ins Kino, in eine Nachmittagsvorstellung. Im Grunde war ihr aber auch das zuwider.

Als sie hinterm Lenkrad saß, wusste sie noch nicht, wohin sie fahren sollte. Sie ließ den Motor an, das tiefe Brummen, Brodeln und Blubbern beruhigte sie sofort.

Sie beschloss, sich treiben zu lassen und einfach durch die Gegend zu gondeln, durch Dörfer, in denen es kein Leben mehr zu geben schien, außer vielleicht einer streunenden Katze.

Hochgewachsene Fichten rechts und links, ein dunkler Nadelwald, die Straße wie eine Schneise, irgendwo im Hunsrück. Als sich rechts ein Waldweg zeigte, bog sie ab und folgte ihm bis zu einer rotweißen Schranke. Nur für den forstwirtschaftlichen Betrieb. Im Rückwärtsgang fuhr sie zu dem kleinen Waldparkplatz unweit der Straße zurück. Dort stellte sie den Wagen ab. Fast hatte sie ein schlechtes Gewissen, das Fahrzeug sich selbst zu überlassen. Als handele es sich um einen Hund oder sonst ein Haustier.

Sie ging zurück zu der Schranke. Der Weg war fichtennadelgepolstert und federte leicht. Es war sehr still. Zunehmend mischten sich Laubbäume unter das Nadelgehölz, die schon ihr Laub abgeworfen hatten. Nach einigen hundert Metern wurde der Wald lichter, und bald erstreckten sich zu ihrer Rechten Wiesen. Unter den Füßen rollten nun Steinchen. An einer Weggabelung entschied sie sich für den kleinen Pfad zurück in den Wald. Eine ganze Weile folgte sie dem Trampelpfad. Eine Lichtung öffnete sich. Ein Hochstand. Aufgeschichtetes Holz.

Plötzlich kam es ihr vor, als höre sie Musik. Nach ein paar Metern war sie sicher, es war Musik. Und sie erkannte sie auch. *La Montanara*, ohne Zweifel. Bald schallte das Trompetensolo hell und klar. Die Berge, sie grüßen dich … Wo kam das her?

Sie schlug sich tiefer in den Wald hinein, folgte einem Wildwechsel.

Und dann sah sie die beiden Alten.

Der Mann stand im Eingang der roh gezimmerten Schutzhütte, die Frau saß auf einer Bank neben ihm und hörte andächtig zu.

Dann erkannte Josie, dass der Alte das Solo nur mimte. Die Musik kam vom Band.

Josie rührte sich nicht. Unfreiwillig war sie Zeugin eines geheimnisvollen Rituals: Philemon und Baucis, die die Berge und den Himmel beschworen. Sie war unschlüssig, ob sie sich bemerkbar machen oder vorsichtig den Rückzug antreten sollte. Sie wollte nicht stören. Die Szene war nicht für ihre Augen gedacht. Und ein bisschen unheimlich war sie auch, zumindest irreal.

Josie sah die Spuren einer Feuerstelle, ein altes Brötchen in einer Ecke, eine plattgedrückte Coladose. Dann löste sich der Bann, und Josie zog sich zurück.

Vielleicht wären die beiden einem Schwätzchen nicht abgeneigt gewesen. Aber das hätte den Zauber des Bildes zerstört. Und Josie wollte auch kein Schwätzchen halten.

Warum dachte sie jetzt an ihre Mutter?

Wieso wusste sie eigentlich nicht, woran ihre Mutter gestorben war? Wieso hatte sie nie mit ihrem Vater darüber gesprochen? Jetzt war niemand mehr da, den sie fragen konnte.

Als sie den Parkplatz erreichte, auf dem ihr Wagen stand, sah sie zwei junge Polizisten ins Wageninnere lugen, die sich aufrichteten und ihr verlegen entgegen sahen, sobald sie Josie bemerkten. Sie waren wirklich sehr jung, Josie schätzte sie auf Anfang Zwanzig.

«Hallo, die Herren», sagte sie, «kann ich irgendwie helfen?»

«Nein, nein, alles okay, wir kamen nur gerade vorbei, und dann dachten wir … weil der Wagen irgendwie …»

«Sicherheitshalber», sagte der andere Polizist.

Sie glichen einander wie ein Ei dem anderen, was aber vielleicht auch an den steifen Mützen und den rosigen Bubengesichtern lag, den frischen und flaumigen Wangen.

«Dankeschön fürs Aufpassen», sagte Josie, «das freut mich, dass unsere Staatsdiener die Augen offen halten."

«Selbstverständlich», antwortete der eine geradezu forsch.

«Man weiß ja nie», sagte der andere.

«Heutzutage», ergänzte der Forsche.

«So mitten im Wald», fügte der andere hinzu.

Josie lächelte und schloss ihren Wagen auf.

«Sehr freundlich, wie gesagt. Noch einen schönen Tag, die Herren!»

«Gleichfalls!», sagte der eine.

«Wiedersehen!», sagte der andere.

Dann legte Josie den Gang ein und fuhr los. Ein Blick

in den Rückspiegel – enttäuscht sahen die Knaben ihr hinterher, als habe ihnen die böse Mama das schöne Spielzeug weggenommen, das sie sich so sehr wünschten.

Auch auf der Rückfahrt dachte sie über ihrer Kindheit nach. Sie war neun, als die Mutter starb. Sie hatte nicht das Gefühl, etwas vermisst zu haben, jedenfalls erinnerte sie sich nicht daran. Sie erinnerte sich aber an den Moment, da Vater ihre, Josies, Hand an die der Nonne übergab. Schwester Annunziata. Sie erinnerte sich an den Geruch, Schwester Annunziata hatte immer nach frischen Brötchen geduftet.

Es war ihr gut gegangen bei den Nonnen, hatte sich nach dem Tod der Mutter problemlos eingelebt, nicht zuletzt Schwester Annunziatas Verdienst, die ihr besonders zugetan war. Und doch hatte Josie sie nie mehr besucht, vielleicht, weil ihr Leben nicht nonnenkompatibel verlaufen war. Oder sie ihr Leben für nicht nonnenkompatibel hielt, zu Unrecht womöglich.

Und wieso hatte sie nie mit Vater über den Tod der Mutter gesprochen? Mit niemandem hatte sie darüber gesprochen, das war ihr gar nicht in den Sinn gekommen. Wie war das möglich – die Mutter nicht zu vermissen, damals nicht und später auch nicht. Und nie über sie zu reden? Und nicht nach ihr zu fragen, den Umständen ihres Todes?

Sie dachte an die Samstage, wenn Vater ihr lächelnd entgegen blickte. Wie schön er war! Er stand neben der weinroten Isabella, auch damals fast schon ein Oldtimer, der Borgward mit den fließenden Linien. Lässigkeit und Eleganz. Das Bild – Vater, der schöne Mann mit der Zigarette in der Hand, neben dem schönen Auto – war überstrahlt von Glanz. Erotik? Wahrscheinlich. Ein ästhetisch vollkommen befriedigendes Bild hatte doch immer eine erotische Ausstrahlung, oder?

Sie dachte: Immer waren die Wochenenden glanzüberstrahlt! In ihren Erinnerungen schien immer die Sonne, zumindest samstags. Was natürlich nicht sein konnte. Da musste Verdrängung am Werk sein.

Sie dachte: Glanz geht auch von Odo aus.

Sie dachte: Odos Glanz ist der Glanz verwegener Virilität, der Glanz des Eroberers.

Sie kam zu dem Schluss, dass man Vaters und Odos Glanz nicht vergleichen konnte, da sich der Glanz beider Männer aus unterschiedlichen Quellen speiste. Vater war das Glück der Zuverlässigkeit, das unerschütterliche Zentrum, nicht vorwärtsdrängend wie Odo, der ein unruhiger Mensch war, hungrig, vielleicht sogar getrieben. Es wäre unfair, dachte sie, von ihm unverbrüchliche Liebe zu erwarten, die unverbrüchliche Liebe eines Vaters.

Die Zweisamkeit von Vater und Tochter damals, sie war nie durch eine Frau gestört worden. Vater hatte immer ihr allein gehört. Josie überlegte, ob sich dadurch bei ihr eine unrealistische Anspruchshaltung entwickelt haben konnte. Falls Frauengeschichten, dann aber nie etwas Ernstes. Dass ihr Vater einen Preis für diese Ausschließlichkeit gezahlt haben könnte, kam ihr erst jetzt in den Sinn. Damals war es einfach selbstverständlich. Er war genau so auf sie bezogen wie sie auf ihn, und wenn sie an den Wochenenden nach Fossilien suchten, und er ihr zeigte, wie man die Schieferplättchen spalten musste, um Schachtelhalme und Eidechsen freizulegen, hatte sie nie daran gezweifelt, dass sein Glück genau so vollkommen war wie das ihre. Wanderungen zu den Keltengräbern, durch die Gegend kutschieren – die Harmonie war nie gestört. Sie fuhren oft stundenlang über die Landstraßen und hörten Quiz- oder Märchensendungen im Autoradio. Die Isabella schnurrte. Im Sommer wurde das Schiebedach aufgemacht, das ging bei diesem Wagen schon damals elektrisch, und Josie träumte bei zurückgelegtem Sitz in den Himmel hinein. Aus dem fahrenden Auto in die Wolken zu sehen, das war wie durch einen Sucher in die Unendlichkeit sehen, ins unendliche Nichts, vor dem flüchtige Gebilde dahinschwammen, die wie Afrika oder wie ein Känguru oder Bär aussahen. Oder wie der Geist aus der Flasche. Und abends ging es zum Essen in ihr Stammlokal, den Goldenen Schwan. Für Josie war der Goldene Schwan ein zweites Zuhause und Abschluss eines glücklichen Tages. Von der Wirtin wurde sie geherzt und mit Extra-Pudding verwöhnt.

Als Doro in Vaters Leben trat, war sie, Josie, schon im Studium in Berlin und froh, dass sich jemand um ihn kümmerte.

Es hat viel Glück in meinem Leben gegeben, dachte Josie.

Das Motiv des Waldes. Manche Patienten reagierten

mit Angst, wenn sie in der Imagination in den Wald geführt wurden, oft ging es nicht über den Rand des Waldes hinaus. In der Imaginativen Psychotherapie nutzte man solche Motive, um Entwicklungsprozesse in Gang zu setzen. Der Waldrand markierte die Grenze zum Unbewussten. Das Schattenreich der Natur, das Schattenreich des Lebens, das war der Wald, ein Motiv, mit dem man den Umgang mit Nähe und Berührung klären konnte, das Verhältnis zu den wichtigen Bezugspersonen, die Einstellung zum Partner. Tja, dachte Josie, in meinem Wald grüßen die Berge, was sagt uns das? Rothaar hätte da garantiert Ideen. Der ‚Berg' war der klassische Indikator für Leistungsbereitschaft und Ehrgeiz.

In der nächsten Sitzung Rothaar sagte sie:

«Ich will nicht das Fell über die Ohren gezogen bekommen!»

Rothaar versprach, mit ihr zusammen aufzupassen, dass das nicht geschehe. Aber auch sie dürfe Angst haben. Und Wut. Auch diese Gefühle drückten Verbundenheit aus. Die Rivalin zu hassen sei nicht einfach erbärmlich, wie sie glaube, sondern gesund, eine seelenhygienische Maßnahme.

«Dort, wo beim Heiland das himbeerrote Herz sitzt, haust bei mir der Groll, Rothaar», sagte sie.

Rothaar wiegte den Kopf.

«Und?»

«Er grollt.»

«Hm. Ein grollendes Herz.»

«Ja. Ein hässlicher, behaarter Gnom ist das, groß wie eine Männerfaust.»

«Dein Herz schlägt also für einen Boxkampf und möchte in die Arena, fighten.»

«Mein Herz will gewinnen, ich will gewinnen, ich will nicht leiden, mein Herz will nicht leiden, ich will kein Herzleiden.»

«Gut. Mach dich auf die Suche nach einem Sparringspartner.»

Josie schwieg betroffen.

«Ich dachte, du wärst das.»

«Nein, das bin ich nicht!»

Rothaar lächelte. Nichts Kantiges war an seinem Körper, alles weich und nachgiebig, Josie betrachtete ihn gerührt.

«Einen Sparringspartner! Du meinst einen Liebhaber?»

Der mütterliche Mann mit seinem schlohweißen Haar lächelte.

«Ich kann das aber nicht. Ich bin unglücklich, ungeduldig, ehrgeizig und starr in meinen Erwartungen an mich.»

«Du bist wie dein Herz, mein Herz», sagte Rothaar. «Ablösung dauert.»

Die Zeit tue ihr Werk, beteuerte er, man müsse sich gar nicht verrückt machen, man müsse sich nur Zeit geben und Zeit nehmen, also sich Zeit lassen.

Josie nickte brav.

Rothaar sah sie skeptisch an.

«Wie? Kein Widerspruch? Was ist mit der Renitenz?»

«Nein», sagte Josie, «nein, nein, nein! Keine Renitenz!»

Rothaar lachte.

«Gut. Ich bin zufrieden.»

Als sie auf die Straße trat, fühlte sie sich durchgewalkt und aufgeweicht. Und – ja! befreit.

Am Parkhausautomaten kramte sie nach Münzen. Das Kleingeld in der Hand, blickte sie auf die beiden Einwurfschlitze. Über dem linken stand ‚Coin', über dem rechten ‚Einwurf' ‚Coin Einwurf', kein Einwurf in hessischem Idiom, sie murmelte die Worte halblaut vor sich hin und musste lachen, sie lachte noch, als sie die Treppen zum Parkdeck hinabstieg und ihr ein Herr die schwere Stahltür aufhielt.

«Darf man mitlachen?»

«Sind Sie Hesse?»

«Und ob! Echter Frankfurter.»

«Prima!», sagte Josie und wandte sich um, um die Stufen wieder hinauf zu steigen, «dann kommen Sie mal mit!."

«Gern», sagte der Frankfurter und folgte ihr.

So trat Antony in ihr Leben

«Siehst du», sagte Rothaar ein paar Tage später, als sie ihm von Antony erzählte, «ohne Erwartung ist alles möglich.»

Schweißtropfen rannen ihr die Wangen hinunter und fielen dann auf die Gummimatte unter dem Fitnessgerät, ausgelegt, um des Parkett zu schützen. Trotz des Stirnbands brannte der Schweiß in den Augen. Josie wischte sich immer wieder mit dem Handtuch das Gesicht. Bis auf Schuhe und Socken war sie nackt. Es muss komisch aussehen, was sie da trieb, eine nackte Besessene, wie wild rennend und nicht vom Fleck kommend, schweißgebadet. Ein Zeitreisender aus einem früheren Jahrhundert, zufällig durchs weit geöffnete Fenster blickend, hielte sie vielleicht für verhext oder sonst wie beschädigt.

Piep, piep, piep, das Programm war zu Ende, Josie stieg vom Crosstrainer, für heute hatte sie es geschafft. Erneut wischte sie sich mit dem Handtuch übers Gesicht. Befreit!

Sie dachte, dass sie zwar immer gern behauptete, es gebe keine Freiheit, sondern nur die Befreiung, dass das womöglich auch nur Rhetorik war. Einer dieser Sprüche, die sich gut anhörten, die aber endlich einmal auf den Prüfstand gehörten. Außerdem – was war das denn? Freiheit? Im Grunde ging es doch um die Freiheit, sich Anerkennung zu verschaffen. Anerkennung und Liebe, das war viel wichtiger, die Menschen wollten geliebt sein und geliebt werden, vielleicht auch lieben. Aber auch das hielt sie nicht für ausgemacht. Geliebtwerden und Narzissmus, ein einfaches Strickmuster, Patent, eins links, eins rechts. War das alles? Und was war mit jenen köstlichen Empfindungen, wenn man als Kind den Kopf aus dem Autofenster hielt und einem der Rausch der Freiheit überkam? Dieses Glücksgefühle, wenn einem der Fahrtwind ins Gesicht stach, was war das?

Sie erinnerte sich an die körnige Schärfe, die Euphorie, das Versprechen, das im Biss des Windes lag, auch wenn man kaum mehr Luft bekam und einem die Tränen aus den Augen liefen.

War Freiheit etwas Wildes? Eine wilde Lust?

Sie fühlte sich wach und stark, wie immer nach dem Training. Endorphinausschüttungen.

Sie musste ein verzücktes Kind gewesen sein auch nach den einsamen Gebetsorgien in der Kapelle, wenn man leuchtend selbst zum Glühlicht wurde.

Das Wasser lief lauwarm über den erhitzten Körper, was zum Besten gehörte, was das Leben zu bieten hatte. Manchmal streichelte sie sich dann auch, doch heute fehlte dafür die Zeit. Sie wollte an ihrem Buch weiterarbeiten und mindestens 1800 Zeichen schreiben. Während sie das Duschgel abbrauste, wanderten ihre Gedanken bereits zu dem aktuellen Buchkapitel: Suggestion und Autosuggestion. Im Mittelpunkt die These, dass das, was man glaubte und akzeptierte, eine zentrale Rolle bei psychischen und körperlichen Prozessen spielte. Das in Bildern und Modellen anschaulich zu machen, begrifflich und methodisch aufzudröseln, war nicht einfach. Das Buch sollte einem Laienpublikum in allgemeinverständlicher Sprache einen Überblick über die verschiedenen psychotherapeutischen Ansätze vermitteln. Vergleiche waren hilfreich, aber schwer zu finden. Es mangelte ihr nicht an Einfällen, oft verfolgte sie eine Zeitlang begeistert eine Idee, um sie am Ende doch zu verwerfen, meist, weil ihr der Bezug zu willkürlich vorkam. Der Versuch zum Beispiel, eine Analogie zwischen Verästelungen der psychischen Vorgänge zu Prozessen der Teilchenphysik herzustellen. Der Gedanke, dass sich die Wirklichkeit psychisch wie physisch ins Unendliche hinein erstreckte, hatte sie fasziniert. Die Grundbausteine des Atoms, die in immer kleinere Teilchen zerfielen, und die Grundbedingungen der Psyche, die kleinste und allerkleinste Erfahrungsinhalte zu Sinn zusammenbauten irgendwie miteinander zu verbinden, hatte sie geradewegs elektrisiert. Aber letztendlich überstieg das natürlich ihre Möglichkeiten. So etwas liefe auf eine Art Einheitsmodell von Philosophie und Physik hinaus. Spannend, aber nicht zu schaffen. Und wahrscheinlich sowieso größenwahnsinnig. Proton, Elektron, Neutron und die Quarks, aus denen sie zusammengesetzt waren und deren Namen Josie noch nicht einmal behalten konnte, mit Glaube, Liebe, Hoffnung zu verbinden, war einfach eine Spinnerei, zu hoch gegriffen. Oder zu tief, aus der Perspektive des Kleinsten. Jedenfalls nicht machbar.

Ein Nirwana, ja.

In dem Kapitel über die gelenkten Tagträume vermied sie die Verwendung des komplizierten Namens ‚Katathyme Imaginative Psychotherapie'. Das Verfahren war hilfreich, um unbewusste Beziehungskonflikte und persönliche Entwicklungspotentiale sichtbar zu machen.

Mit dem Verlag war verabredet, das Manuskript kapitelweise ins Lektorat zu geben, im Frühjahr das letzte. Auf Fachbegriffe sollte verzichtet werden – alles so anschaulich und mit so einfachen Worten wie möglich.

Um den Anschluss an das Vorhergehende zu finden, las Josie die letzten Abschnitte noch einmal durch.

Dass Verdrängtes und Unbewusstes ins Bewusstsein gehoben werden kann, ist allgemein anerkannt. Um das Verdrängte sichtbar zu machen, greift man in der gelenkten Imagination auf Motive wie ‚Bach', ‚Haus' oder ‚Wiese' zurück.

Es lag auf der Hand, dass Motive wie ‚Höhle' oder ‚Vulkan' stärkere Gefühle auslösten als ‚Bach' oder ‚Blume'. Um sich den unbewussten Vorstellungen behutsam zu nähern, ging man stufenweise vor. Das Ziel war, krankmachende Fixierungen in der Tiefe der Seele bewusst zu machen.

Sind diese Inhalte erst einmal ins Bewusstsein gerückt, sind sie auch einer Veränderung zugänglich. Das ist der Sinn einer Therapie.

Josie ging dazu über, die Liste der Standardmotive zu erläutern. Diese Motive waren auf einer Skala zunehmender Gefühlsstärke angeordnet. *Das Motiv ‚Wiese' beispielsweise sagt uns etwas über die wesentlichen Persönlichkeitsmerkmale, deshalb wird es gern im Erstkontakt eingesetzt. Wie üppig oder karg, wie weiträumig oder begrenzt ist die Wiese, die imaginiert wird? Wie ist das Wetter? Ist es eine Wiese im Frühling oder eine Sommerwiese? Ist es gar Winter? Was geschieht auf der Wiese? Der Patient hat vielleicht eine bestimmte Wiese vor Augen, eine bestimmte Situation aus der Vergangenheit, sieht sich vielleicht wieder als Kind. Lange Vergessenes kann zurückkehren. Die Wiese erlaubt aber auch einen*

Einblick in die tatsächliche Stimmung des Patienten.

Das satte Klackern der Tasten gab ihr immer ein behagliches Gefühl. Ein Geräusch aus der geordneten Welt, ein Geräusch aus der Welt der Fleißigen. Handwerker. Zimmerleute, die schon frühmorgens am Dachstuhl hämmerten. Stabile Konstruktionen des Lebens.

Was lässt sich also mit den bildlichen Imaginationen abklären?, schrieb sie und gab die Antwort: *Alles!* Dann notierte sie noch Stichworte: *Helferwesen imaginieren (Märchenmotive); ein emotional missbrauchtes Kind (d. h. statt der Eltern übernimmt es Schutz und Stabilisierung der Familie); Motiv ‚Das innere Kind'; Verweis auf den unbewussten Glaubenssatz, dass es einem als Erwachsene nicht besser gehen dürfe als den schwachen Eltern.*

Josie war zufrieden und fuhr den Computer herunter. 211 Normseiten, das war in Ordnung. Auch von Lebendigkeit und Unerschöpflichkeit des Lebens war auf diesen Seiten die Rede gewesen.

«In Berlin, in der ersten wilden Zeit dort», sagt Josie, «da war der Tod immer präsent, und wahrscheinlich fühlt man sich dann besonders lebendig.»

«Wenn man jung ist», sagt Rothaar, «und dann wohl auch nur manche Menschen. Manchen schärft das die Sinne, das Leben in der Gefahrenzone.»

«Ja, nur wenn man jung ist, fasziniert der Tod, das ist wohl wahr. Wenn man älter wird, lässt das nach, und je näher er heran rückt, umso unattraktiver wird er.»

«Auch er wird halt alt», sagt Rothaar.

Daraufhin schweigen sie eine Weile.

Nona hatte sie sich in den ersten Berliner Jahren genannt, Abkürzung für no name – keine Festlegungen! Mit Wilhelm Reich, vor allem aber mit ihrem Umzug in die Reichianer-WG veränderte sich viel: Aus Freiheit wurde Energieabfuhr. Vollständige Energieabfuhr. Es war anstrengend. Die orgiastische Potenz – wer die besaß, der war aus dem Schneider. Den Charakterpanzer abwerfen. Irgendwo auf der Strecke war die Freiheit verloren gegangen. Ein Mitbewohner der Reichianer-WG sprang vom Europa-Center, offenbar die einzige Möglichkeit, den Charakterpanzer abzuwerfen. Danach hatte Josie sich wieder Josie genannt, ließ sich – bis dato kahl geschoren – die Haare wachsen und heiratete ihren Psychotherapeuten, Franz, der die gleichen Hautfalten an den Ohren hatte wie ihr Vater und auch genau so alt war. Die Ehe mündete bald in eine solide Freundschaft, die sie pflegten, bis Franz an den Folgen einer Herzkatheteruntersuchung starb, die Gefäßwand seiner Bauchschlagader war dünn und brüchig gewesen. Sie war neunundzwanzig, als Odo in ihr Leben trat.

«Weißt du, Rothaar», nahm Josie das Gespräch wieder auf, «hier, bei dir, komme ich mir wieder jung vor. Aber anders als früher, da war ich stark. Heute bin ich schwach.»

«Hm. Warum bist du schwach?»

«Es fehlt an Kraft», sagte Josie, «es fehlt an Glauben. Vielleicht fehlt es auch an Liebe. Ich komme her und klage, und du bist der alte König im Ofen, der meinen

Klagen zuhört, wie in der Gänseliesel.»

«Hm», sagt Rothaar, «alter König im alten Ofen, danke! Aber so soll es ja auch sein. Ich höre zu. – Das Märchen heißt übrigens nicht Gänseliesel sondern Gänsemagd.»

«Ach ja, Gänsemagd, du hast Recht. Da hab' ich mir wohl unbewusst die Magd ersparen wollen.»

Wieder entstand eine Pause.

«Die drei Blutstropfen der Mutter», sagte Josie dann, «das ganze Unglück beginnt mit diesem Verlust.»

«Wenn das deine Mutter wüsste, das Herz im Leibe tät ihr zerspringen», sagte Rothaar.

Josie begann zu weinen. Es dauerte lange, bis sie sich wieder beruhigte.

«Wenn das meine Mutter wüsst', das Herz im Leibe tät ihr zerspringen» wiederholte sie. Und dann überkam sie das Schluchzen erneut.

«Prinzessin», sagte Rothaar, «jetzt erst wirst du stark werden.»

«Ja?»

Wieder folgten lange Minuten des Schweigens.

«Befreiung von der falschen Identität», Josie putzte sich kräftig die Nase, «darum geht es doch.»

«Lass dir Zeit, Prinzessin», sagte Rothaar, «ich kann noch lange zuhören.»

«Gut, sehr gut.»

Als sie nach dieser Sitzung in die Straße einbog, in der sie wohnten, und Odo mit zwei Mülltüten aus dem Haus kommen sah, stoppte sie und wendete. Sie wollte nicht mit ihm zusammentreffen, sie wollte ihre Ruhe. Sie fuhr in die Stadt zurück, ins ‚Orlando'.

Einige Tage später stand Odo mit hochgeschlagenem Mantelkragen im Flur, und Josie, die seinen prüfenden Blick auffing, fragte, was denn los sei.

Er hatte wohl auf diese Frage gewartet, denn er antwortete ohne Verzögerung.

«Sie schicken mich für ein halbes Jahr nach Brasilien.»

Ein Stromstoß entlang der Nervenbahnen. Als verfehle man eine Treppenstufe und trete ins Leere.

Ihr Erschrecken entging ihm nicht, sie sah es in seinen Augen.

Jetzt bloß nicht die Fassung verlieren, dachte sie, bloß nicht die so mühsam errungene Würde verlieren, bloß nicht!

«Lass uns darüber reden, wenn du Genaueres weißt», sie wandte sich zum Gehen, «bitte bring' Brot mit, wenn du heute Abend nach Hause kommst, es ist nur noch ein alter Kanten im Schrank.»

Abends gab sie sich gelassen und interessiert, behauptete, ein halbes Jahr gehe vorbei, sagte «Es ist nun mal, wie es ist», sagte «Schätzchen, kannst du mich mal massieren, ich bin total verspannt» und stellte sich mit nacktem Oberkörper vor ihn, den Kopf auf die Brust gesenkt. In dieser Haltung klang jede Stimme gepresst. Sie sagte: «Ah, das tut gut, da, ja, genau da!»

Odo knetete ihre Muskelstränge. Er tat dies so kräftig, dass Josie aufstöhnte.

«Nichts erfinden», sagt Josie, «nur das aufschreiben, was gerade passiert.»

Es ist ein Spiel, das sie ihm vorschlägt.

Odo gibt ihr einen Klaps auf die Schulter, die Massage ist beendet.

«Zieh dir was an», sagt er, «sonst krampft die Muskulatur.»

Josie macht Lockerungsübungen, kreisende Bewegungen mit Schultern und Kopf, es knackt. Das Alter, denkt sie, es schickt seine Vorboten.

Odo sagt:

«Du meinst also, du kommst in dem halben Jahr klar?» Sie hört einen leichten Spott heraus, hält es aber auch für möglich, dass sie sich das nur einbildet.

«Ich werde mein Bestes geben», sagt sie leichthin. «Komm, lass uns das mal machen.»

Dort, wo sie davon gehört hat, nennen sie es *Reality-Curling*: Spiel und Realität verschmelzen lassen, indem man das Schliddern über die Oberfläche beschreibt.

«Wir schreiben alles auf, was passiert, hart an der Realität.»

«Du meinst – Uhrzeit, Luftdruck undsoweiter?»

«Auch, ja.» Sie wedelt mit der Hand, um zu signalisieren, dass alles möglich und nichts festgelegt ist. Jede Menge Platz für Einfälle. Sie hat sich ihr T-Shirt mit dem weitem V-Ausschnitt übergezogen, der den Brustansatz zeigt und fragt sich, ob sie enttäuscht oder erleichtert darüber ist, dass er keine Anstalten gemacht hat, ihre Brüste zu berühren. Um die Schultern warm zu halten, schlüpft sie in ein wollenes, lose hängendes Gilet.

«Na ja», sagt Odo, «dann hol' ich mal das Werkzeug.» Er geht in sein Büro und kommt mit dem Laptop zurück.

Sie setzen sich einander gegenüber, an der Küchenbar, auf Lederbarhockern. Josie setzt die Lesebrille auf.

«Okay», sagt Odo, «schreiben wir alles auf, was gesagt und getan wird.»

«Es ist ja nur ein Spiel», wiederholt Josie, «es kann interessant oder langweilig werden. Mal sehen.»

«Wenn du mit Tricks kommst, mache ich nicht mit», sagt Odo und gießt Wein in zwei Gläser.

«Was für Tricks», entgegnet Josie, «es gibt da nichts zu tricksen, es steht ja schwarz auf weiß auf dem Bildschirm, jeder von uns segnet ab, was da steht.» Sie grinst ihn breit an.

«Okay, ich ahne es schon», sagt Odo, «du willst deinen Mord.»

«Natürlich», sagt Josie. Von den sogenannten Mörderspielen in der Lenauer Straße hatte sie ihm zu Beginn ihrer Beziehung erzählt. Erlebnisreiche Rollenspiele waren das, inklusive Gruseln.

«Zum Wohlsein!», Odo prostet ihr zu.

«Skol», sagt Josie. Wir sind wie zwei Echsen, die sich belauern, denkt sie und hebt ihr Glas.

«Ihre Augen glitzern verdächtig hart, geradezu rachsüchtig!», sagt Odo.

«Schreib's hin», sagt Josie und stellt ihr Glas ab. Dann holt sie einen Lappen von der Spüle, weil ein paar Tropfen verschüttet sind. Sie setzt sich und hakt einen Fuß in das Chromgestell des Hockers, das andere Bein streckt sie aus. Der bordeauxrote Schuh aus Glanzleder schaukelt an ihrem Fuß. Ihr Lieblingspumps. Sie betrachtet Fuß und Schuh, vielleicht hat sie ja wirklich einen Schuhfimmel, aber schöne Schuhe, mit klassisch schöner Form, machen sie glücklich. Sie betrachtet die spiegelnden Reflexe auf dem Glanzleder, greift nach dem Dessertlöffel, der auf dem Tresen liegt, und legt sich das kühle Metall auf die Lippe.

«Uhrzeit und Luftdruck?»

Josie nimmt seine Armbanduhr aus der Keramikschale, in der sich Papiere und Krimskrams befinden. «Neunhundertfünfundachtzig über Normalnull, es ist jetzt genau zweiundzwanzig Uhr zehn.»

Seine Omega ist sein ganzer Stolz. Er liebt diese Uhr. Ein Fetisch, denkt Josie, mit der Omega am Arm weiß er, wer er ist. In bestimmten Belangen sei er eben ein Wertkonservativer, erklärt er gern, einer, der an Erprobtem festhalte und den es nicht jucke, von bestimmten Leuten ins Abseits gestellt zu werden.

Josie schlägt sich mit dem Löffelchen leicht gegen den Handteller. Dann legt sie ihn hin und zündet sich eine Zigarette an.

Odos Finger fliegen über die Tastatur.

«Morgen ist Feiertag», sagt sie.

«Nur für dich», erwidert er, ohne sein Schreiben zu unterbrechen, «ich habe zu tun.»

«Stimmt. Du hast zu tun.»

Das hatte sarkastischer geklungen, als sie wollte, es stimmte ja, in Hessen war am 1. November normaler Uni-Betrieb und Werktag.

Sie drückt die Zigarette aus, an der sie nur ein paar Mal gezogen hat.

Mit Verve drückt Odo eine letzte Taste, ein Punkt wird gesetzt. Dann sieht er auf.

«Es war genau zweiundzwanzig Uhr zehn, also mitten in der Nacht. Der Luftdruck betrug neunhundertdreiundachtzig Millibar, es wird Regen geben, denkt der Mann ...»

Josie greift nach der Omega, der Luftdruck ist tatsächlich um jene zwei Millibar gefallen, die er vorhergesehen hat, und vielleicht gibt es auch noch Regen, denkt Josie.

«Du bist echt gut!»

Odo zuckt lächelnd die Achseln – nicht der Rede wert! Er wendet sich wieder dem Bildschirm zu.

«Ihre Augen glitzern verdächtig hart und rachsüchtig», liest er weiter vor, «du willst deinen Mord, sagt O. Doch J. besteht weiter darauf, alles aufzuschreiben, sie zündet sich eine Zigarette an und wartet, was geschieht, Sie ist nämlich cool und pfiffig. Und ein bisschen bissig.»

«Ich? Bissig?»

«Nu ja», sagt Odo, «trag's mit Fassung, es entspricht der Wahrheit.»

Sie fühle sich in ein falsches Licht gerückt, moniert sie, was Odo sofort notiert. Dann liest er weiter.

«Wenn du mit Tricks kommst, sagt O., mache ich nicht

mit», er greift, ohne hinzusehen, nach seinem Glas und trinkt es halb leer.

Auch Josie nimmt einen großen Schluck.

«Es sind seine Zigaretten, die sie raucht, und es ist die letzte Packung.»

«Stimmt», sagt Josie, «sorry!»

Er schaut über den Bildschirm ins Leere, dann sagt er:

«Ich glaube, ich gehe schlafen!»

«Okay» sagt Josie, als habe sie einen Bubble-Gum im Mund. Wie sie das hasst! Wie sie seine Fähigkeit hasst, sie am ausgestreckten Arm verhungern zu lassen! Dafür besitzt er ein ungemein feines Sensorium.

«Lass mich mal kurz», sagt sie, und er macht ihr Platz.

«Soll ich die Rollläden herunterlassen?», fragt Odo.

«Warum? Um Spannung zu erzeugen?», sagt sie während sie tippt.

Odo geht von Fenster zu Fenster und betätigt die Rollladenelektrik. Mit leisem Rauschen senken sich die metallenen Jalousien herab.

Er streift ihre Schulter, als er an ihr vorbei kommt.

«Hast du eigentlich die Rechnung von Elektro Mohr bezahlt?», fragt er, in den Papieren in der Keramikschale stöbernd.

Ohne aufzublicken, nickt sie zustimmend.

«Es passiert doch gar nichts», sagt Odo, «was schreibst du denn.»

«Wart's ab», erwidert Josie. Gleich darauf sagt sie:

«Okay.»

«Schieß los», sagt Odo, «ich will in die Koje.»

«Gundolfplatz wurde angesagt», liest Josie, «und der Unbekannte erhob sich von seinem Platz …»

«Oha!», sagt Odo, «ein Unbekannter! Kommt er etwa zu uns, Schätzchen?»

Der Gundolfplatz liegt ganz in der Nähe, im realen Leben, und es gibt eine Straßenbahnhaltestelle.

«Ich weiß nicht», entgegnet Josie und zuckt mit den Schultern, «jedenfalls ist er dort ausgestiegen.»

«Hm», Odo gießt Wein in sein Glas und trinkt, «du bist ganz schön gewitzt.»

«Soll ich weiterlesen?»

Odo nickt.

«Um diese Uhrzeit sind nicht viele Leute unterwegs – ein junger, arabisch aussehender Mann, vielleicht ein Flüchtling, ein älteres Paar, ausgehchic, die vielleicht von einem Theaterbesuch zurückkehren. Der Mann sieht sich kurz um, er muss sich orientieren, er kennt sich in dieser Gegend der Stadt nicht aus, aber er hat die Beschreibung im Kopf, die Kreuzung, ein Kiosk, dort das Ärztehaus mit der Apotheke. Er muss also die Straße überqueren und dann die nächste Straße rechts.»

«Will der Kerl wirklich zu uns? Ich krieg's mit der Angst. Was will er? Was sollen wir tun? Ist er böse?»

«Wir werden sehen», sagt Josie, «ich weiß es doch auch nicht.»

«Ach, Süße, du mit deinen Spielchen! Immer willst du Leben in die Bude bringen!»

Sein Glas ist leer. Er greift nach der Flasche. Auch die Flasche ist leer.

«Im Kühlschrank ist noch Grauburgunder», sagt Josie.

Odo zögert, dann geht er zum Kühlschrank und öffnet ihn.

«Es ist aber auch noch eine Flasche Riesling da, vom Lunkenheimer», sagt er, «was willst du lieber?»

«Ist mir egal.»

«Dann den Lunkenheimer!» Odo nimmt die Flasche, entkorkt sie, stellt sie auf den Küchentresen. Er füllt sein Glas halb voll, wirft Josie einen fragenden Blick zu, sie nickt, und er gießt auch ihr nach.

Genau wie Odo vor ein paar Minuten setzt Josie theatralisch einen Punkt hinter das Geschriebene, und greift nach ihrem Glas.

Sie prosten sich zu.

Josie beginnt das herumstehende schmutzige Geschirr in die Spülmaschine zu räumen.

«War's das jetzt», fragt Odo.

«Ich glaube», sagt Josie gleichmütig und entsorgt das Besteck in den Besteckkasten.

Odo sieht ihr zu und trinkt.

«Wahrscheinlich handelt es sich um den Bruder des neuen Nachbarn, Nummer 18, der Anlageberater, solche Leute sind immer noch spätabends unterwegs, man kennt sich bei solchen Leuten nicht aus, bei diesen Investmentbankern und Schlitzohren», sagt Odo.

Die Spülmaschine zieht Wasser, dann setzt die Wassermusik ein, ein rhythmisches Rauschen, das etwas Beruhigendes hat. Josie setzt sich wieder an die Küchentheke, legt beide Hände flach auf die Granitplatte und sagt:

«Der Mann hat die Straße erreicht, in die er einbiegen soll und …»

In diesem Moment klingelt es an der Haustür.

Josie und Odo sehen sich verblüfft, ja, fast erschrocken an. Josies Herz beginnt zu klopfen, auch Odo ist beunruhigt.

«Wer ist denn das?»

Sie stehen beide einen Moment wie erstarrt und sehen einander an.

Es klingelt erneut.

Jetzt kommt Bewegung in Odo, er sieht sich um, sucht einem Gegenstand, der als Waffe dienen kann.

Josie löst sich aus der Erstarrung, ist mit schnellen Schritten am Flurschrank, öffnet ihn und reicht Odo die große Maglite.

«Wer ist da?», fragt Odo in die Türsprechanlage.

Gekicher, Lachen, dann hört man, wie schnell weggelaufen wird, die Schritte von Kindern oder Jugendlichen.

«Verdammt», sagt Odo, «so eine Scheiße! Wir machen uns selbst ganz verrückt!»

«Halloween! Daran habe ich überhaupt nicht mehr gedacht! Gut, dass du noch nicht schlafen gegangen bist, ich hätte mich zu Tode gefürchtet.»

«Das wird von Jahr zu Jahr doller, diese amerikanische Scheiße!»

Sie stehen nah beieinander, in ihrer Erleichterung hat sich Josie an Odo gelehnt, jetzt dreht sie sich zu ihm, gibt ihm einen Kuss auf die Wange.

«Gute Nacht.»

Er fasst sie um die Schulter, schaut ihr ins Gesicht, zieht sie an sich.

Ihr Körper will nachgeben, doch Josie will es nicht, Josie will standhaft bleiben. Oder bildet sie sich das nur ein? Odos Duft, sein Arm um ihre Taille. Josie will davongetragen werden.

Anderntags, beim Frühstück – Odo schon in Straßenkleidung, Josie im Bademantel – sagt er während er ein Brötchen bestreicht:

«Ein halbes Jahr ist nicht die Welt, und es steht auch noch nicht hundertpro fest.»

In diesem Moment hasst sie ihn. Er hat sie an die Wand gespielt, lässig, souverän, er hat dich ins Aus befördert, der Listenreiche, denkt sie.

In den folgenden Wochen wechselte Josies Stimmung abrupt. Fühlte sie sich morgens noch aufgekratzt, war sie ein paar Stunden später ohne jeden Antrieb. Sie schlief schlecht, wälzte sich stundenlang im Bett und stand auf. Dann arbeitete sie an ihrem Buch. Die Schlafstörung legte sich nicht, zudem stellte sich Kopfweh ein. Ihre Hausärztin überwies sie an einen Endokrinologen, wahrscheinlich stecke die Schilddrüse dahinter, eine Überfunktion. Es folgten etliche Untersuchungen, der Verdacht bestätigte sich. Also Tabletten. Die Unruhe blieb.

Da die Untersuchungen viel Zeit in Anspruch genommen hatten, waren die Termine bei Rothaar weitgehend ausgefallen. Das alte Jahr ging zu Ende. Silvester verbrachte sie mit Grippe im Bett, auch die ersten beiden Wochen im Januar. Auch als die Symptome abgeklungen waren, fühlte sie sich schlapp und von innerer Leere gelähmt. Bis ins Mark erschöpft. Zu müde, um sich mit Antony zu treffen. Mitte Februar rief sie Rothaar an, bat um einen Termin, dringend, in den nächsten Tagen.

«Es wurde aber auch Zeit», sagte Rothaar, als er die Tür öffnete.

«Ja», sagte Josie, «mein Herzblut ist schon ganz gefroren.»

Sie kam sich vor wie eine winterstarre Schnecke.

Am Ende der Sitzung regte Rothaar eine Auszeit an, eine Kur oder einen längeren Urlaub. Doch das ließen weder die Patienten noch die Arbeit am Buch zu, der Abgabetermin rückte immer näher.

Sie war so kraftlos, dass sie wankte, als sie nach der Sitzung auf die Straße trat. Fast wäre sie beim Überqueren der Fahrbahn vor ein Auto gelaufen. Der Fahrer hupte und schimpfte. In ihrem Wagen blieb sie hinter dem Lenkrad sitzen, ohne den Motor zu starten. Sie atmete tief ein und aus, um das Gefühl, unter einer Glocke zu sein, zu vertreiben. Es gelang aber nicht. Lange Minuten verharrte sie, die Hand auf den Schaltknüppel gelegt, ohne jede Bewegung und ignorierte das Hupen der ungeduldig auf einen Platz wartenden Autofahrer. Schließlich beschloss sie, nicht über die A66, sondern über Land nach Hause zu fahren, und ließ den Motor an. Sie war einfach zu unkonzentriert für den Autobahnverkehr.

Irgendwann, schon auf der linken Rheinseite, kam sie durch freies Feld, Äcker, die übergoldet waren von der winterlichen Nachmittagssonne. Es roch nach Rosenkohl.

Sie fuhr gemächlich. Im Rückspiegel sah sie einen aufgemotzten Mustang sich schnell nähern, bis er herausfordernd an ihrer Stoßstange klebte. Das passierte immer wieder, egal, wie langsam sie fuhr.

Josie trat kurz auf die Bremse, um den Kerl auf Abstand zu bringen. Es war aber sinnlos, im Gegenteil es schien den Knaben noch zu befeuern, und er rückte noch dichter auf.

Die Straße war kurvig. Die Sonne blendete. Vielleicht hätte Josie nach rechts ins Feld ausweichen können, wäre sie in einer besseren Verfassung und nicht durch den Mustang abgelenkt gewesen. Vielleicht hätte Josie an einem anderen Tag eine Chance gehabt, sie war schließlich eine gute Fahrerin. Doch an diesem Tag und genervt von dem Mustang fehlte es an jenem Bruchteil einer Sekunde, den Josie gebraucht hätte, um dem blauen Toyota auszuweichen, der die Kurve schnitt – oder aus ihr heraus getragen worden war – und ihr frontal entgegen kam.

Die Wucht des Zusammenstoßes katapultierte den Toyota auf den Rosenkohlacker, wo sich das Fahrzeug dreimal überschlug und dann auf dem Dach liegen blieb.

Josies Porsche schoss wie ein Torpedo auf den Alleebaum zu.

Der Mustang gab Gas und verschwand hinter der Kurve. Das sah sie nicht.

Josie sieht Odo, das Odolächeln, ganz nah, sie könnte ein Gesicht berühren. Odo sagt: «Wie es bleibt, ist es richtig», und das stimmt ja auch, denkt Josie und lächelt zurück. Dann sieht sie einen sonnenbeschienenen Parkplatz, den Parkplatz der Schule, weit, von Stille erfüllt, sie sieht Vater, auf sie wartend, vor den Hecken, in der Sonne, geduldig und schön. Glanz geht von ihm aus. Licht. Glück.

Eine dünne Rauchsäule aus der eingedrückten Front des Wagens, der sich um die Pappel zu schmiegen schien.

Bei den Phäaken

Nausikaa schlang die schmalen Finger ineinander, und ein verlegenes Lächeln huschte über ihr Gesicht. Dieses Vorsichtige und Scheue in den dunklen Augen! Der Kontrast zwischen dem betont burschikosen Auftreten und der offensichtlichen Verletzbarkeit berührte Penelope, Ule hatte Nausikaa als junges, selbstbewusstes Ding dargestellt.

«Haben Sie gewusst», sagte Penelope, «dass nach dem Zweiten Weltkrieg die Amerikaner, und teilweise auch die Franzosen, ihr Hauptquartier in Ihrer Schule aufgeschlagen hatten?»

«Ach tatsächlich? Nein, das ist mir neu. Aber ich kenne mich überhaupt noch gar nicht gut aus.»

Sie unterrichtete Sport und Englisch in der Unterstufe, die Stelle an der Privatschule hatte ihr Ule verschafft. Ule, der Fürsorgliche! Ule, der Treulose!

«Und es hat gut zehn Jahre gedauert, bis man die Schule wieder zurück bekam – wahrscheinlich nur wegen der guten Kontakte zu den Mennoniten im Weißen Haus.»

Die Schule galt als fortschrittlich und bot ein unverfängliches Thema.

Aus der Speisekarte für den kleinen Hunger wählten sie Salatteller, Penelope mit Putenbrust, Nausikaa mit Scampis. Dazu bestellten sie Wein, Penelope einen Weißburgunder, Nausikaa einen Riesling. Als der Wein vor ihnen stand, stießen sie an.

«Als Sie angerufen haben, war ich froh! Es ist gut,

dass wir uns treffen!»

Wieder das scheue Lächeln.

Penelope legte ihre Hand auf die schmalen Finger, sie wurden ihr jedoch sanft entzogen. Die Finger waren eiskalt gewesen.

«Sollen wir nicht Du zueinander sagen?», schlug Penelope vor.

«Gerne, sehr gerne.»

Selbstverständlich waren die Umstände nicht so, dass man einander wirklich ins Herz schloss. Und doch dachte Penelope: ein nettes Mädchen!

Was sie erschütterte: Ule und das Mädchen sahen einander ähnlich. Damit hatte sie nicht gerechnet. Im ersten Moment hatte es ihr fast die Sprache verschlagen. Der gleiche Typ Mensch. Rothaarig, blauäugig, groß gewachsen – das Mädchen natürlich feingliedriger als der Mann. Sie hätten Vater und Tochter sein können.

Ules Name fiel nicht. Eine stillschweigende Übereinkunft. So tun, als säßen sie aus freien Stücken hier zusammen, um ein bisschen zu plaudern. Als gäbe es keine Rivalität, kein geheimes Gravitationszentrum, das nicht angesprochen werden durfte.

Nausikaa erzählte von Mike, einem schrägen Vogel, mit dem sie einmal liiert gewesen war.

«*Wenn ich mir die Kanne gebe*, sagte er», sagte Nausikaa, eine Männerstimme imitierend, «*dann am liebsten mit dem schottischen, der schottische ist einfach sauber! Mach bloß nicht den Fehler, dich mit Bourbon abzufüllen, das ist Dreckszeug.*»

Penelope lachte über die kabarettistische Einlage. Es ging um Eifersucht und schlechtes Benehmen, um eine Rundrufaktion mitten in der Nacht.

«*Cuba libre, so viel du willst*, sagte er», sagte Nausikaa, «*fünfzehn Stück, und nullo problemo*, und dann lachte er – am anderen Ende der Leitung hatte man wohl einen Witz gemacht – Und dann sagte er, *wenn Rum, bloß keinen braunen, braunen nie!*, und dann lachte er wieder und sagte, *so toll ist es auch wieder nicht*, und ich fragte mich, ob er die Kiste mit mir meinte oder den Schottischen vom Aldi.»

Das Whisky-Telefonat fand am Tag nach der Rundrufaktion statt, als einer der AB-Besitzer zurückrief, um zu hören, was los sei, was das sollte, mitten in der Nacht.

Nausikaas Parodie war wirklich gelungen. Penelope wischte sich die Lachtränen aus den Augen und erkundigte sich welche Nachricht dieser Mike denn auf den Bändern hinterlassen habe. Nausikaa zögerte einen Moment. Wieder das schnelle, scheue Lächeln. Schulterzucken.

«Ich hatte mal eine ziemlich wilde Zeit, und dummerweise habe ich Mike davon erzählt. Und der verriet alle meine Geheimnisse. Es war ziemlich gemein. Ich hab's überlebt.»

Zitterte ihre Unterlippe? Penelope war sich nicht sicher.

Die Bedienung räumte die Teller ab.

«Die Sache hätte ich mir jedenfalls besser erspart», sagte Nausikaa, und Penelope fuhr durch den Kopf, dass sich das Mädchen vielleicht gern auch anderes erspart haben könnte, die Affäre mit Ule zum Beispiel.

«Naja, das kann man sich fast immer fragen», sagte Penelope.

«Ja», Nausikaa nickte, «gut, dass man nicht in die Zukunft sieht, das wäre schrecklich.»

«Ja, das wäre schrecklich.»

Es entstand eine Pause.

Alle diese netten Mädchen, dachte Penelope, und immer öfter gingen ihre Augen an Nausikaa vorbei ins Nirgendwo.

Das Mädchen drehte das Weinglas zwischen den Fingern, und hielt den Blick gesenkt.

Haltet Abstand, oder ich morde, dachte Penelope. Wer hatte das noch mal gesagt?

Die Mittagspause der Büroangestellten war zu Ende, das Lokal hatte sich geleert. Am Tresen wurden die Einnahmen abgerechnet. Sie umarmten sich, als sie sich trennten. Beiden war klar, dass es keine weitere Begegnung geben würde, und keine bedauerte es.

Müde wie selten in ihrem Leben, kroch Penelope, kaum zu Hause, ins Bett und schlief sofort ein.

Später arbeitete sie ihr Schreibtischpensum ab, bis sie merkte, wie hungrig sie war. Sie reckte sich, ihre Glieder waren über dem stundenlangen Sitzen steif geworden.

Im Kühlschrank fanden sich zwei Landjäger und im Küchenschrank ein ungeöffnetes Paket Knäckebrot.

Ihre Gedanken umkreisten den Antino-Prozess. Wie lächerlich doch diese Zeugin war. Was für ein dümmliches, Zähne bleckendes Äffchen!

Sie biss in die Wurst und schalt sich: Lächerlich, sich in so etwas hineinzusteigern! Geradezu sträflich unprofessionell!

Und doch genoss sie es noch in der Erinnerung, die Zeugin Großknecht bei der Befragung ordentlich in die Mangel genommen zu haben. Da war dem Äffchen das Lachen vergangen! Und das war gut so. Am liebsten hätte sie ihr eine runtergehauen, eine schöne, saftige, knallende Ohrfeige verpasst.

Sie warf den Wurstzipfel in den Müll.

Eine Zeugin war eine Zeugin war eine Zeugin – und man hatte Distanz zu halten. Ob sie ihre eigene Situation auf diese Dreiecksgeschichte projizierte? Womöglich hatte sich da etwas in ihr zusammengebraut oder zusammengeklumpt oder zusammengebacken. Vielleicht wurde sie aber auch langsam schrullig und verschroben. Andere erwischte das auch, auch der eine oder andere Kollege neigte mit zunehmendem Alter zu Marotten. Und warum? Weil in der kleiner werdenden Zukunft, im schrumpfenden Universum der eigenen Person, nur mehr Platz blieb für Verdrehtes und Gebrochenes!

Sie sagte sich, dass Routine alles richten würde. Jede Wiederholung des Ehebruchs brachte ein Stückchen mehr Normalität, und dann konnte man irgendwann damit leben.

Sie schloss das karge Mahl mit einem Espresso ab.

Dann nahm sie wieder am Schreibtisch Platz.

«Kommst du schon zurück?» Ihre Frage klang spitzer als beabsichtigt, Penelope wandte sich schnell ab.

«Nein, nein», murmelte Ule und berührte Penelope flüchtig an der Schulter, «ich habe nur etwas vergessen.»

Vermutlich log er, er schien ziemlich schlecht gelaunt. Hatte es Ärger mit Nausikaa gegeben? Verdammt, dachte Penelope, du solltest wenigstens so viel Anstand besitzen zu warten, bis ich aus dem Haus bin, so früh bist du heute nicht vorgemerkt!

Heute war Donnerstag, und donnerstags pflegte Ule seine Polyamorrhoe bei Nausikaa auszukurieren, zumindest hatte er seine Symptome bislang dort ausgelebt. Penelope dachte, dass das Leben nicht gerecht sei und es eine Schande sei, dass das niemand verbot und wie idiotisch es sei, derart dummes Zeug zu denken. Sie griff nach der Robe und verließ eilig das Haus, fast kam sie sich vor wie auf der Flucht. Bis sie ihre Nerven wieder im Griff hatte und sie den Wagen aus der Garage fahren konnte, vergingen einige Minuten.

Kindisch und dumm, schalt sie. Neidisch! Neidisch auf alle, die zu glauben imstande waren, es gehe gerecht zu in der Welt und das Warten werde eines Tages belohnt, die Tugend, die Ehrbarkeit.

Nichts wurde belohnt!

Das Privileg der Jugend, das Privileg dieser Nausikaas und wie sie alle hießen, das, worum Penelope sie vielleicht am meisten beneidete, war womöglich dieses: An Gerechtigkeit zu glauben. Unverbraucht musste man dafür sein, auch die Zukunft musste noch unverbraucht sein, immer noch unermesslich, um all diese unermesslichen Hoffnungen und Erwartungen darin unterzubringen.

Sie schüttelte den Kopf. Sie verschwendete ihre Vorstellungskraft nicht weniger als Nausikaa es tat, immerhin darin glichen sie sich.

In der City-Garage parkte sie den Wagen neben Isabells Twingo auf dem zweiten Stellplatz der Kanzlei. Sie war früh dran. Im Schlendergang durch die Gassen. Vor einem Veranstaltungsplakat, das für die große Immendorff-Retrospektive warb, blieb sie stehen.

Sie hatte sich fest vorgenommen, nicht zum Opfer zu werden, weder zu Ules Opfer noch zu dem der Umstände. Sie war kein Kaninchen, sie würde sich nicht jagen lassen. «Ich bin kein Kaninchen!», sagte sie halblaut zu dem stilisierten blauen Affen auf dem Plakat und sah sich erschrocken um. Doch niemand hatte sie gehört.

Sollte sie Ule eine Reise nach Berlin vorschlagen? Sie fuhren regelmäßig nach Berlin, zumindest waren sie bisher regelmäßig nach Berlin gefahren, Freunde besuchen, Penelope hatte schließlich in Berlin studiert. Und Ule kennengelernt, vor einundzwanzig Jahren. Er hielt damals einen Vortrag über die Mythen und Sagen aus Lappland. Das interessierte sie zwar kein bisschen, aber an jenem Abend war ihr einfach die Decke auf den Kopf gefallen, und im Haus der Kulturen gab es jeden Abend irgendeine Veranstaltung, kostenlos, was für eine Referendarin immer ein Argument war.

Der Vortragende sah unverschämt gut aus, ein Wikingertyp mit breitem Lächeln, genau ihr Beuteschema. Und er bestach durch lakonischen Witz und solide Kenntnis.

Es ging um Sápmi, was, wie er erklärte, so viel bedeute

wie: alles, was dem Samen-Volk lieb und unverzichtbar ist. Aber ob der Mann über Sápmi sprach oder über die Yali im Baliem-Tal auf Papua-Neuguinea, war ihr eigentlich völlig egal.

Am Bücherstand kaufte sie von ihrem letzten Geld sein neuestes Buch und legte es ihm zum Signieren vor.

«Was soll ich hineinschreiben?»

Wasserhelle Augen.

«Was Sie möchten – für Penelope!»

«Ein sehr schöner Name!»

«Danke!»

Er schlug das Buch auf, dachte kurz nach, schrieb, klappte es zu, gab es zurück und sagte:

«Wenn Sie einen Moment Zeit haben, möchte ich noch gerne etwas dazu sagen.»

«Für Penelope – wie es bleibt, ist es richtig», lautete die Widmung.

Sie hatte gewartet, bis er mit Signieren fertig war. Und als Ule ein halbes Jahr später in Frankfurt einen Lehrauftrag erhielt, ging Penelope mit ihm an den Main. Denn Ule war längst alles, was ihr lieb und unverzichtbar war. Was sie zum Leben brauchte.

Sie fühlte sich krank, vielleicht eine Grippe, obwohl sie weder Halsschmerzen noch Husten hatte. Aber die Knochen taten ihr weh und im Kopf waberte Nebel. Nach der Krankmeldung in der Kanzlei kroch sie erneut unter die Bettdecke und schlief gleich wieder ein. Später hörte sie Geschirrgeklapper und roch frisch gebrühten Kaffee.

Sie legte sich auf den Rücken und sah einem Spinnchen beim Spinnen zu. Unablässig rannte es zwischen Deckenleuchte und Wand hin und her.

Er hatte Brötchen mitgebracht, sogar Laugenhörnchen, die sie so gerne aß. Penelope legte den Kopf auf die Tischplatte und begann lautlos zu weinen. Ule nahm ihr Gesicht in seine Hände, mutmaßte, sie habe Fieber, und schickte sie wieder ins Bett.

Sie schlief sofort wieder ein. Als Ule mit einem Tablett eintrat, war sie minutenlang desorientiert, betäubt von einem seltsamen Traum.

Um ungestört zu bleiben, leitete Penelope eingehende Anrufe auf die automatische Ansage um. Termine standen nicht an. Sie schlug die Antino-Akte auf.

Heute wollte sie wenigstens in groben Zügen das Plädoyer vorbereiten.

Die Mail Donata Großknechts an ihren Mann war das Kernstück der Verteidigungsstrategie. Diese Mail, zwei Tage vor der Tat geschrieben und verschickt, bezeugte die Charakterlosigkeit der Dame. Dieser Liebesbrief hatte die Katastrophe ausgelöst, Antino hatte den Verrat nicht verkraftet.

Die getrimmte Nettigkeit einer Donata Großknecht würde wie ein Soufflé in eisigem Luftzug in sich zusammenfallen, wenn dieses Schriftstück zum Vortrag kam.

Sie lächelte. Ja, Schluss mit lustig.

Als sie gestern den Angeklagten im Knast aufsuchte, zitierte dieser Salomo: «Schlimmer als der Tod ist ein

Weib, dessen Herz eine Grube ist und dessen Hände Netz und Strick sind» – oder so ähnlich. Das würde sie nachlesen und verwenden, Bibelzitate kamen immer gut, vor allem Salomo. Seit Jahrtausenden verbürgte Weisheit. *Besser ein lebendiger Hund denn ein toter Löwe*, auch das stand im Buch der Weisheit und war ein Lieblingsspruch ihres Geschichtslehrers gewesen, in den sie heimlich verliebt war. Er gebrauchte den Satz, um eine Leistung als mittelmäßig zu kennzeichnen, und Penelope war froh, nie mit dem Spruch bedacht worden zu sein. Dieser Lehrer hatte auch gesagt, die Menschheitsgeschichte sei nur ein Körnchen Sand, gemessen an allem anderen. Womöglich besaß er eine melancholische Ader, er neigte zu tiefgründigen Reden, gerade das hatte sie wohl angezogen.

Das Mysterium Zeit. Die unermessliche Vergangenheit. Damit die ganze Geschichte nicht ins Rutschen kam, hatte sie als Kind versucht, die unvorstellbare Zeitspanne, die schon vergangen war, auszubalancieren, indem sie sich eine unendliche Zukunft vorstellte. Zwei Ewigkeiten im Gleichgewicht.

Penelope beschloss, einen weiteren Espresso zu trinken.

Sie hörte, wie Ule aufstand und ins Bad ging, hörte ihn hantieren und duschen, hörte ihn in der Küche. Diesmal wollte sie nicht weglaufen, diesmal wollte sie zu Hause die Stellung halten. Und wenn er zurückkam, würde sie einfach so tun, als sei er nur Brötchen holen gewesen. Sie würden miteinander frühstücken, bevor jeder seiner Wege ging. Ein ganz normaler Ablauf eines ganz normalen

Morgens, nichts weiter.

Ich werde mich nicht vertreiben lassen, dachte sie, schon gar nicht von meiner eigenen Feigheit. Beim Frühstück würde er ihr laut die Zeitungsüberschriften vorlesen, und sie würde hin und wieder etwas kommentieren, während sie die Spülmaschine mit Geschirr befüllte, meist war sie früher als er fertig mit frühstücken. Und erst wenn die Beklemmung ganz verflogen wäre, würde sie sich wieder zu ihm setzen, um ihre Tabletten zu nehmen.

Als Ule das Haus verlassen hatte, zog sie sich eine Jacke über und fischte die Zeitung aus dem Zeitungskasten am Gartentor.

Sie versuchte zu lesen, doch die Wörter und Sätze rauschten an ihr vorbei. Sie fing von vorne an, Zeile um Zeile. Aber nichts haftete, alles perlte ab. Immer wieder beschwor sie sich: Abhauen kommt nicht in Frage! Doch dann gab sie auf.

Sie tröstete sich mit Sprüchen: Solche Sachen schüttelte man nicht einfach aus den Kleidern. Sie fand alle diese Sprüche erbärmlich.

Eingeschlichen hat sich da was in mich, dachte Penelope, eingenistet und dann ausgebreitet. Gewuchert wie eine Geschwulst ist das!

Zwanzig Minuten später bog sie in die City-Garage ein und fühlte sich wie befreit. Bestimmt würde es das nächste Mal besser gehen.

Konnte man sich nicht an alles gewöhnen? Auch an das Unerträgliche?

«Übrigens, ich finde, der hat was, der Antino.»

«Ach, sieh an – warst du denn in der Sitzung? Ich habe dich gar nicht unter den Zuschauern gesehen!»

«Ich habe mich klein gemacht und in der letzten Reihe versteckt, ich wollte dich nicht irritieren. Ich wollte mir einfach mal den Herrn ansehen.»

«Okay, und jetzt hast du dich in ihn verguckt …»

«Nur meine Neugier befriedigt. War gar nicht so einfach, eine Einlasskarte zu bekommen, da ist ja mächtig Andrang. Vor allem Frauen.»

Während sie plauderten, räumten sie die Büroküche auf, spülten Tassen und Gläser, säuberten den Kaffeeautomaten.

«Schön ist er ja nicht gerade, der Essig-König», fuhr Isabell fort, «aber trotzdem … Er hat irgendwie Ausstrahlung, irgendwas … Zwingendes.»

«Ich weiß nicht», Penelope hielt prüfend ein Glas gegen das Licht, «mir ist er ein bisschen zu sehr von sich eingenommen, das macht wahrscheinlich der geschäftliche Erfolg. Und trotzdem kommt mir der Mann in gewisser Weise wie aus der Zeit gefallen vor, wie aus einer anderen Welt. Als gehöre er nicht ins einundzwanzigste Jahrhundert.»

«Wirst du auf Totschlag plädieren?»

«Mal sehen, ich klopfe die Sache noch ab. Willst du einen Espresso?»

«Ja, gerne, einen doppelten.»

«Und du meinst also, der hat Ausstrahlung?»

Isabell zuckte die Achseln.

«Ich glaub schon. Charisma, würde ich sagen. Wie ist er denn so im Umgang?»

Der Kaffeeautomat zischte und brodelte.

Penelope warf ihrer Sekretärin einen schnellen Blick zu.

«Na ja, ich denke, ich weiß, wie ich ihn anfassen muss, wir kommen ganz gut klar miteinander – und er ist nicht blöd, und schlagfertig obendrein», Penelope stellte die zweite Tasse bereit und drückte wieder auf den Startknopf. «Die Maschine ist echt ihr Geld wert.»

«Die Crema ist perfekt, das hat die alte nicht hingekriegt», bestätigte Isabell.

Penelope kehrte in ihr Zimmer zurück. Nein, Isabell war nicht die Einzige, die von Antino beeindruckt war. Warum sich nicht eingestehen, dass man sich auf die Besuche in der JVA freute? Da war nichts Schlimmes dabei. Es wurden meist Begegnungen auf Augenhöhe, auch wenn die Umstände eigentlich nicht danach waren. Das Gespräch vor ein paar Tagen – es ging ihr nicht aus dem Kopf. Diese plötzliche Nähe.

«Sie geben gewiss Ihr Bestes!», hatte Antino gesagt. Sein Lächeln, selbstironisch, freundlich gelassen, wie immer unaufgeregt – und doch irgendwie verschmitzt, als er hinzufügte:

«Und – wissen Sie was?»

Penelope hatte ihn lachend unterbrochen:

«Sagen Sie es nicht!»

«Gut, ich sage es nicht. Sie wissen, ich füge mich. Und Sie sind ein freier Mensch», er machte eine Pause, «und ich übrigens auch, selbst hier hinter Gittern.»

«Wenn Sie sich in mir mal nicht täuschen», erwiderte

Penelope, «ich bin keineswegs frei, ich habe zum Beispiel einen ziemlich massiven Charakterpanzer.»

Antino sah sie nachdenklich an. Dann sagte er:

«Ich spreche nicht von Energieabfuhr und orgiastischer Potenz.»

Penelope spürte die Röte, die ihr wie einem Teenager ins Gesicht stieg, und ärgerte sich.

«Jetzt machen Sie eine alte Frau wie mich noch verlegen!»

«Entschuldigung! Asche auf mein Haupt!»

«Ist schon gut, ich bin selber schuld.»

Sie packte ihre Sachen zusammen und wandte sich zum Gehen.

Dann kamen Tage ohne den Glanz und die Schärfe eines Schmerzes. Penelope war überrascht, dass das möglich war: Tage, die man nicht überstehen musste, die einfach dahingingen, dahinflossen wie der Regen vorm Fenster. Seit Wochen regnete es, tropfte verlässlich aus Wolken und von Hausdächern.

Penelope hatte nichts gegen das melancholische Wetter, im Gegenteil, sie genoss es, sich in die eigenen vier Wände zurückziehen zu dürfen, ohne jeden Anspruch auf Geselligkeit.

Sie waren nicht nach Berlin gefahren, und der Antino-Prozess war zu Ende. Das Gericht war Penelopes Argumentation gefolgt und Antino – wie seine Verteidigerin beantragt hatte – wegen Totschlag verurteilt. Um die Akte in den Archivbestand einzuordnen, kontrollierte Penelope die Vollständigkeit der Unterlagen. Ein Papier fehlte, ein Sitzungsprotokoll. Sie durchsuchte die Ablagen, fand das Dokument aber weder in der ihren noch in der von Isabell und auch sonst nirgends. War es ihr beim gestrigen Besuch in der JVA aus der Mappe gerutscht? Wenn Antino es gefunden hätte, würde er Bescheid geben lassen, da war sie sicher.

«Steinig ist der Weg zu den Sternen», hatte er gestern gemeint, als sie über ihre Schulkarrieren geplaudert hatten, und nach einer kurzen Pause hinzugefügt: «Und steinig ist der Weg ins Freie.»

Sie hatten beide gelacht.

Ja, hatte Penelope geantwortet, und am Ende komme alles auf einen aufrechten Gang an, ins Freie wohlgemerkt.

«Heinrich von Kleist», hatte er gemurmelt, und ihre Blicke trafen sich.

Penelope nickte.

Er war kein schlechter Mensch.

Törichtes Weib!, sie lächelte versonnen.

Ule war früh gegangen, noch bevor es hell geworden war. Sie hatten sich zwar nicht richtig gestritten, aber die Stimmung war schlecht.

Eine Blase umschloss sie. Alles schien weit weg. Es war nicht unangenehm. Aber ein bisschen komisch. Nichts tat mehr weh. Und doch war noch Leben in ihr.

Sie dachte an Ule, und sie dachte, dass ruhelose Menschen wie er Gefolgsleute brauchten, einen Trupp ihm untergebener Männer. Getreue! Er brauchte keine Gefährtin, keine Komplizin, keine Compagnera, niemanden auf Augenhöhe, er brauchte Ergebenheit, bewundernde Scharen, Männer, Mädchen.

Auf unaustauschbare Nähe kann er verzichten, dachte Penelope. Diese fixe Idee von Komplizenschaft, mit der man eine bürgerliche Existenz und das, was man Alltag nannte, bewältigen konnte. Von Anfang an hatte es diese Diskrepanz zwischen ihnen gegeben, sie hatte ihr nur keine Bedeutung beigemessen. Erst jetzt, da der kleine Unterschied sich zu voller Größe ausgefaltet hatte, nahm sie ihn wahr.

Es war ihre Vorstellung vom Leben gewesen, nicht die seine. Sie war es, die ein Du brauchte, nicht er.

Kühl, sie war ganz kühl.

Es wird sich alles regeln, dachte sie.

Und dann dachte sie wieder an Antino.

Auf der Küchenanrichte fand sie eine Packung Baldrian-Dragees, forte. Ule hatte offenbar Schlafprobleme. Vielleicht hatte er Stress mit wem auch immer. Sie würde ihn nicht fragen, sie wollte nicht in die Rolle der Trösterin geraten, nicht mehr. Nausikaa hatte Gespielinnen, von denen konnte er sich trösten lassen, wenn er des Trostes bedurfte.

Ja, sie war rachsüchtig. Sie war keine Heilige.

Sie ging zum Fenster und sah auf die Straße hinunter.

Tropfen tanzten in den Pfützen. Die Leute, die ohne Regenschirm unterwegs waren, drückten sich mit eingezogenen Köpfen an den Hauswänden entlang.

Landesweit drohten Hochwasser, in einige Regionen hieß es schon Land unter.

Sie spürte eine Ruhe wie schon lange nicht mehr. Altes musste untergehen, damit Neues entstehen konnte. War natürlich trivial. War gleichwohl richtig. Fast empfand sie Glück bei diesem Gedanken. Auch Antino wusste Bescheid. Seine Stimme fast wie die eines Mahners:

«Nicht weil es unerreichbar ist, wagen wir es nicht, sondern weil wir es nicht wagen, ist es unerreichbar», hatte er gesagt.

Es wird sich alles regeln, dachte Penelope.

EPILOG I
Gespräche mit Niemand

Den Anker vorm Zollhaus kenne ich längst. Komme fast jeden Tag hier vorbei. Schwer liegt er da, auf betoniertem Grund, an Ketten aus Stahl.

Wieso an Ketten?

Ich antworte nicht, ich ziehe an blank geputzten Fensterreihen vorbei, die mich mustern, behalte den wiegenden Schritt, sage: Heute ist Freitag.

Gespräche mit Niemand.

Dem alten Zollhaus genau gegenüber der Spielplatz. Eltern haften für ihre Kinder! Gebt Langfingern keine Chance! Hunden keinen Zutritt! Im Sommer klopfen hier bunte Kinderschaufeln auf bunte Förmchen, und angespeichelte Taschentücher reiben Mundwinkel sauber. Kinder sind Klötzchen, Bäume sind Riesen. Die Augen der Riesen sehen durch Laub, sind Laubaugen. An Laubtagen schauen sie sanft, an Wintertagen, Schlagschattentagen, schauen sie böse.

Der Spielplatz ist heute vollkommen leer. Die Seele des Derwischs wohnt im Karussell, in der Mittelachse des Eisenrads. Man muss sich fest abdrücken, um Schwung zu bekommen.

Leg' dich ins Zeug!

Niemand saust wieder und wieder vorbei, an die Außenwelt geklebt wie das Zollhaus, die Rutsche, die Bäume, Straße, Schilder, Himmel, alles in eins, ohne Zwischenraum, ohne Nichts.

Und dann und wann ein blinder Polyphem.

Das Gerät ächzt.

Wind im Gesicht – und wie!

Leere weit hinter der Haut. Ein bisschen leg ich noch zu, dann lasse ich los.

Es dreht sich noch viele Runden mit mir, dann lösen sich langsam Zollhaus, Rutsche, die Reihen der Fenster, die Reihen der Bäume, Pfosten, Bänke, Hecken aus der zusammengeleimten Welt und werden mit jeder langsamer werdenden Umdrehung wieder mehr zu dem, was sie sind: Bäume, Bänke, Backsteingebäude.

Hü!, rufe ich, Halt!, und quetsche mich durch den Ausstieg.

Ein paar torkelnde Schritte, aufgeweichte Pappe unter meinen Füßen, nachgiebig und ohne Verlass, ich wanke Richtung Ausgang.

Es schwappt gehörig in mir. Das ist kein Boden, das geht dir bis ins Herz!

Adios, Anker, einmal komm' ich wieder vorbei!

Ja, früher, da gab es ein Meer unter dem Spielplatz. Aber schon lange liegen die kolossalen Behälter unter Schaukel und Sandkasten trocken, das Meer im stählernen Wasserbauch unterm Sand wurde zu klein. Und der Turm? Schon längst außer Dienst. Alter Wasserturm, kriegst jetzt dein Gnadenbrot von der Kultur! Fototermine vor der eichenen Eingangstür, der städtische Turmschreiber hause manchmal hier, wird gemunkelt.

Mucksmäuschenstill liegt der Anker.

Das war kein Meer für dich! Das schien dir nur so. Weil

du auf dem Berg liegst. Wenn man als Anker auf einem Berg liegt, weit weg von allem, was an Hafen erinnert, an Dünung, Planken, die vertraute teergeschwängerte Luft, heimatlicher Fäulnisgeruch, da wird einem die dörfliche Wasserversorgung zum Sehnsuchtsort.

Wer träumt hier von Wellenschlag?

Über dem Sand raschelt das Laub. Es ist Herbst. Die Füße bilden eine Fahrrinne, die sich hinter den Fersen wieder schließt und unsichtbar wird.

Niemand war hier.

Drüben am Waldrand schiebt sich jetzt Grandezza ins Bild, Rappe und Gerade-das-Kreuz! Männlicher Oberkörper bewegt sich exakt in der Horizontalen und gerät jetzt in Trab. Hoppadihopp und – Einrücken! In die Lücke zwischen den Bäumen, wo der Reitweg kreuzt. Dann das Schild, an einen Baumstamm genagelt: Der weiße Reiter auf blauem Grund. Mein Pferd hat ein schlankes Herz, heute ist Freitag, auf den Wegen stehen Pfützen.

Drei Chow-Chows ziehen vorbei, eine Dame im Schlepptau. Eine blauzüngige chinesische Patrouille? Schließlich sind wir im Grenzwald.

Aus dem Busch bricht Kurzbeiniges. Das Gehölz zu meiner Rechten teilt sich, heraus tritt Herr Chen. Herr Chen ist Herrchen des Dackels mit dem Namen *Kassandra*, wie nicht zu überhören war. Düstere Prophezeiungen. Herr Chen und Kassandra irren umher und kommen nicht umhin, die Kreatur zu loben, so ist das im Stadtwald. Hunde sind nicht mein Fall, ich mag sie nicht, diese kläffenden, knurrenden, aufdichlosschießenden

Zumutungen, diese Zerberusverzwergungen, denen der Wald gehören soll. Zu Herrn Chen schweige ich höflich. Schade ist nur eines: Dass ich noch nie einem Seehund begegnet bin in diesem Wald, einem Seehund noch nie.

Seemannsbraut ist die See, mein Anker ruht und schweigt. Warum gibt es in diesem Hundewald keinen See? Keinen Teich oder Tümpel, kein Maar oder Meer für meinen Seehund, in Dreiteufelsnamen?

Noah! raschelt es unter den Füßen.

Wer ist das?

Ein alter Gott wie du, hier hängengeblieben.

Laub flüstert: Siehe! Laub flüstert: Ach, der Strand!

Ich kenne die Stimme, irgendwann kam sie und blieb, wie eine Gewohnheit, genau so gut, genau so schlecht. Selbst unter den Sohlen flüstert's: Sieh' das Geteilte und Ungeteilte, das Feste und Flüssige!

Fünfzehn Ellen Pegelstand. Noah. Der Neubeginn.

Dieser Wald ist mein Wald und mein Staunen. Mein Staunen hat runde Augen, kreisrunde Augen wie Polyphem, die Einfalt, der Tauberich. Das Staunen ist meine Arche.

Gewisper, Blattgeraschel wie Rinnsale aus dem Überfluss.

Dieser Wald ist mein Blendwerk, meine Erzählung, Rand und Band, mein Anker.

Und dann und wann dein blinder Polyphem.

Dem alles durch die Lappen geht, der die Helden nicht sieht und nicht versteht, werwemwas.

Gespräche mit niemand, meinem Pappenheimer, meinem Geschichtenfresser.

Einfältig Schönes sagen und dazu freundlich nicken, so spricht man mit Robben, die Erinnerungen tauschen mit dem Anker vorm Zollhaus.

Ich schlage den Weg zur dicken Buche ein, das ist eine Schutzhütte, roh gezimmert, gewissen Geistern dient sie als Tempel. Votivtäfelchen find ich keine. Hat wohl keiner 'nen Segen gebraucht, gegen Arthritis oder weil die Frau fremdgeht.

Ich bücke mich und scharre ein wenig Laub zur Seite. Ein Blick nach drüben, da steht es und lächelt, wenn's sein muss: ein Reh.

Die Luft ist gesprächig heute.

Selbstverständlich liegt das Paradies hinter der Grenze und ist eine Kneipe.

Freitags steckt das Land fest in Geschichten. Durch die Flure ziehn Schiffe, die weben den Text.

Der Anker, das Zollhaus. irgendwo ein Flurstück, das Teufelspforte heißt. Und eines mit Namen Engenberg, dort verebben Sintfluten. Ein Grenzwald, wie gesagt.

Heute ohne Stacheldraht, heute ohne Hundestaffeln und Wehranlagen, die Grenze ist offen, unbehelligt kommst du hinüber, an den Chow-Chows vorbei, zwischen zwei Pfosten durch und hinüber.

Die Schranke fehlt.

Diesen Wald durchzieht ein Netz von Schleichwegen.

Manche Flucht gelang, geduckt übers Feld, bei Nacht und Nebel durchs Unterholz.

In der Ferne die Hunde.

Hier ging es durch, den Bauch an morastige Erde gedrückt.

Suchst du das Schild, auf dem steht: Hier war die Schweißspur? Du findest es nicht.

Freitags ziehe ich niemals den Hut auf meinem Weg zurück, am Turm vorbei.

EPILOG II
Das Flimmern der Objekte

Bild 1

O. in einem Zimmer mit Tisch,
Stuhl und Krankenbett.

Ist es denn ein Unrecht zu atmen? Einen Atemzug zu tun und noch einen?
Wir haben zu lang vor den Mauern gelegen – viel zu lang ... Das Zeitgefühl verliert man! ... Am Ende sehnt man sich nach der ... Zerstörung!
Alle haben sie den Fluss überquert, sie haben alles vergessen!
... ICH habe den Krieg nicht gewollt! – Lachhaft! Dass es zum Krieg kam. Das Ganze ein schlechter Witz. Krieg! Wegen ... Krieg wegen ... Helena! Krieg wegen Helena!
Genau!
Helena!
Ich habe ihn nicht gewollt, den Krieg, ich ganz bestimmt nicht!
Hab alles versucht. Doch nicht wegen Helena, hab ich gesagt. Geradezu beschworen habe ich euch.
Das wird nichts, hab ich gesagt, das kann nichts werden! ... Lasst die Finger davon, hab ich gesagt. Aber ihr – Ehre! Griechenland! Der freie Westen! Der ganze Quatsch! Bleibt mir damit vom Hals! Die Wahrheit ist: Ihr habt euch gelangweilt. Zu Hause rum gehockt und euch gelangweilt!

Ich bin nicht schuld!
Als wär es um Helena gegangen!
Die Schnepfe ... Zum Idioten habe ich mich gemacht, den Durchgeknallten gespielt, um euch den Plan zu versalzen. Warum auch nicht, warum nicht den Durchgeknallten spielen? ... Na ja, hat nicht geklappt. Hat halt nicht geklappt. Was habt ihr geplärrt! Durchgeknallt oder nicht – du kommst mit! Niemand drückt sich! ... Du musst! Unser Bündnispartner bist du! Einer von uns! Raushalten is nich! Könnte ja jeder kommen und sich raushalten! ... Einer von euch! Nein!

Bild 2

O. im weißen Nachthemd
Du musst, du bist König! Du musst vor den Mauern liegen! Du musst hinter den Mauern liegen! Liegen musst du, König! Liegen ... wie all die anderen! Ein Witz! Krieg – wegen Helena! Was Besseres ist euch auch nicht eingefallen!
Bühnenrampe; O. lässt die Beine baumeln;
das Zimmer wie oben;
schnalzt mit der Zunge
Seht euch das an! Waden sind das nicht! – schlaffe Beutel sind das! Schlaff und leer ... ausgesaugt ... wie Mutterbrüste ... Großmutterbrüste ... Schwermütig könnte man werden!
summt Hänschen klein
Nichts schützt mich, was euch schützt!

Bild 3

O. schlägt die Arme vor und zurück,
macht Kniebeugen

Eiskalt! ... Die Füße geschwollen und die Hände eiskalt. Der Kreislauf. Die Durchblutung. Sie müssen sich mehr bewegen, sagt der Weißkittel. Der Mann hat recht.
Eins ... und zwei ... und eins und zwei ...
Ein – gesunder – Körper – in ei – nem – gesunden – Geist!
Hol euch der Teufel! ... Verdammt, die Pumpe!

legt die Hand auf sein Herz,
lässt sich auf den Stuhl fallen

Bumbum. Bumbum. Bumbum.
Es klopft, als wollte es raus! Recht hat der Doktor, Bewegung, das ist das Entscheidende.
Das Verhältnis von Raum und Zeit verändern ... Bumbum. Bumbum. Bumbum. Du kannst nicht raus! Zu lang ... viel zu lang ... am Ende sehnt man sich nach der Zerstörung! ... Alle sind sie hinüber. Keiner ist davongekommen ... keiner! Bumbum, bumbum, bumbum. Ich kann dich nicht raushalten! Diese Aufregung, warum diese Aufregung? Wie es stampft! Tausend Jahre, bevor ich verstanden werde!

zum Publikum

Lacht nur, lacht nur! Haltet euch die Bäuche! Blökt wie die Schafe! Werft verschlagene Blicke!
Heh! – Was sind das für Flecken auf euren Gesichtern? Ihr seid ja scheckig wie Tieflandrinder! Und eure Bärte

– wie lang sie geworden sind! Und grau! Aschgrau, Gefährten, aschgrau! Wie ihr da sitzt! ... Ein Methusalem neben dem anderen!
Fleckig und grau!

lacht

Seht ihr, auch ich habe etwas zu lachen!

Bild 4

wie oben

Der Augenblick der Entscheidung ist immer Wahnsinn!

geht zum Tisch, schreibt auf ein Blatt

An – die – Gefährten – von – Niemand – Ausrufezeichen – der Plan – ist – geheim – und alles – Komma – was man – gewinnen kann – Komma – ist – Komma – dass – einen – die – Göt-ter – nicht – sehen – Punkt.

Bild 5

lehnt sich weit aus dem Fenster

Die Bäume tragen gut in diesem Jahr! ... Der neue Hafen ... Schiffe kommen ... und gehen ...
Dass einem diese Wunde bleibt! Dieses Brennen!
Ich habe sie sofort wiedererkannt. Obwohl sie wie Amseln aussahen. Wie Amselweibchen mit Frauenbrüsten ... Die kräftigen kaukasischen Gesichter!
Ich hab sie sofort wieder erkannt, als sie da saßen.
Ich wusste, dass sie es sind. Obwohl sie so klein waren.
Viel kleiner als damals. Auf der Fensterbank saßen sie

und auf dem Tisch. Eine die Kopie der anderen. Um mich herum. Auf dem Fußboden. Wie ein Teppich. Ein Teich.
Ein Vogelteich ... mit Frauenbrüsten ... so viele und so klein.
Dann waren sie wieder weg. Lidschlagschnell ... ohne dass sich die Luft bewegt hätte. Ohne dass sich irgendetwas bewegt hätte. Als hätte jemand mit den Fingern geschnippt.
Aber niemand hat mit den Fingern geschnippt. Ich werde mich nicht rausreden können. Niemand wird sich herausreden können ... Man wird nichts mehr los, wenn man allein ist. Allein zurückgekehrt. Als einziger. Immer die gleiche Geschichte. Wie Amseln, wie Amselweibchen, mit Minitittchen. Ein Meer von Amselweibchen. Mit Minitittchen.
Um mich herum ... um die Sandbank, auf der ich lag, um mein Bett ... herum. Erwartungsvoll ... ja, erwartungsvoll! Und ernst. Voll ernster Erwartung. Man kann nicht mit Ausreden kommen.

Bild 6

O. am Tisch, schreibt
Gefährten! Die – Sirenen – sind – zurück! Die Briefmarken, wo sind denn die Briefmarken?
Man kann sie nicht loswerden, die alten Geschichten. Die Stimmen. Durch jeden Spalt dringen sie, durch jede Ritze ... aus jedem Kehlkopf kommen sie ...

summt Hänschen klein ...
Es ist nur ein Versuch, nichts weiter. Nur ein Versuch! Irgendwohin bewegen sich die Luftmoleküle, irgendetwas werden sie bewegen
unruhig hin und her, zu sich
Was für ein Idiot! Schreibt sich selbst Briefe!

Bild 7

O. klopft sich auf die Brust
Da steckt es! Da steckt es doch! In dir, in deiner Haut! In deinen Knochen ... unter dem Dach deines Schädels! Ein brutaler Gewinn, das kann ich euch sagen! Brutal!
kauert sich mitten im Raum nieder
Nektar unter deiner Zunge ... dein Mund der mir nachgibt, sich öffnet ... wie ich in dir versinke ...
draußen wird drei Mal ein Gong geschlagen
Wie sie singen! ... was sie singen ... bin ... ich! ... Hinein geknüpft in ihren Gesang ... eine Schmetterlingspuppe bin ich ...
wieder drei Gongschläge
... eine Puppe ... bin ich, an den Mast geknüpft, ein Spinner am Mast ... ein Spinner im Nachthemd!
zum Publikum
Ja, ja ... Fäden zieht euer König, Fäden zieht er aus altem Stoff, hi, hi ...
hebt den Saum seines Nachthemdes an,
macht tänzelnde Bewegungen,
spitzt die Lippen zum Pfeifen

Seht, da kommt der Strippenzieher! rufen sie!
Wie er die Füße nachzieht! Wie er humpelt ...
singt ...
Humpty Dumpty sat on a wall ... Humpty Dumpty had a great fall ... all the king's horses and all the king's men ... couldn't put Humpty together again.

Bild 8

O. auf der Bettkante
Die Hitze macht die Füße dick!
steht auf, zum Publikum
Schwell- und Schweißfüße hat euer König, jawoll!
Aber immerhin – keine Schweinsfüße wie ihr!
Hi, hi! Wie hieß sie denn noch?
Wie hieß das Weib nur!
Wie hieß die noch gleich?
Ach, egal! Jedenfalls war an dem Weib alles dran!
zum Publikum
Dass ihr euch sowas nicht merkt – den Namen?!
Tz, tz, tz ... die hat's euch gezeigt! Gegrunzt wie die Schweine habt ihr. Gegrunzt und euch im Dreck gewälzt, ja, ja. ... Das war 'ne Nummer, das war vom Feinsten!
die nackten Füße stecken in schweren, schwarzen Halbschuhen mit offenen Schnürsenkeln;
er geht hin und her, bei jedem Schritt fallen die Absätze hart auf die Dielen
... dieser unwiderstehliche Drang nach ... Bewegung ...
Es geht nur in Sprüngen ... es kann nur in Sprüngen

gehen ...
den Zustand verändern ...
kauert sich in eine Ecke, wiegt sich
Du sollst doch nicht um deinen Jungen weinen.

Bild 9

O. wie vorher in der Ecke, sich wiegend
Mach dir nicht so viele Sorgen, Mama – ich habe noch Hoffnung.
Ich habe immer noch Hoffnung ... und Luft ... ich singe, hörst du?
singt laut
Maa – ma, du sollst doch nicht um deinen Jungen weinen ...
... ja Mama! ... Schlecht hast du ausgesehen, da unten, bei den Toten! Verdammt schlecht!
Den großen Dulder nennen sie mich!
Der große Dulder! Ja! Weil seine Seele woanders ist.
Na, na!

Bild 10

eine Halle voller Menschen,
O. schiebt sich durch die Menge
... Haufenweise tote Seelen!
eine Frau lacht kreischend
... geile Bräute! ... Jünglinge! ... kummerbeladene Greise!
Männer mit blutbesudelter Rüstung!

Wort- /Satzfetzen der Gäste;
O. schiebt sich durch die Menge
... jedesmal wie durch einen Graben ... eine Grube ... jedesmal!
zu den Umstehenden
Ihr wollt es mir schwer machen!
... wie durch eine Schleuse jedes Mal! Schafe seid ihr, mit Mehl bestäubte Opferschafe! Auch wenn du selbst davon kommst, werdet ihr unglücklich und allein sein. Oder zu Hause ... im letzten Moment! ... Wie durch eine Grube jedes Mal, wie durch eine Schleuse!

Bild 11

leere Bühne. Die Geräuschkulisse einer belebten Straße, Autos hupen!
O.'s humpelnde Schritte akustisch im Vordergrund, seine Stimme aus dem Off
Stoppt; liest
... montags – bis – freitags sechzehn Uhr dreißig – samstags zwölf Uhr ... wer weiß, vielleicht ist es Teil eines evolutionären Konzepts, eines vor ewigen Zeiten installierten Programms ... das Richtige tun ... zur richtigen Zeit! Das ist ... das Geheimnis ... das ist der Punkt, wo die beiden Enden ineinander greifen! ... Leerung montags oder freitags! Es ist egal, wann sie leeren, es macht keinen Unterschied, ob Montag oder Freitag, Dienstag, Mittwoch oder Donnerstag, es ist ganz egal! Die Parallelen treffen sich so oder so im Unendlichen ... Ob Freitag

oder Sonntag oder samstags um zwölf! Man sollte bleiben, wo man ist, damit einen die Götter nicht finden!
Ein Narr, wer allein zurückkehrt!
Wer sich selbst Briefe schreibt!
eine Briefkastenklappe schlägt
Diese Wunde! Wie treu sie ist!
Immer wieder reiß ich sie auf, um ihr Brennen zu spüren!
Seine Schritte verhallen

Bild 12

O. im Lichtkegel
Tief einatmen! Es ist nichts! Dieser quälende Drang nach Bewegung!

Öffnen! Schließen! Ventil auf! Ventil zu! Bumbum. Bumbum. Bumbum. Systole! Diastole! Pumpen! Bewegungsdrang … ganze Galaxien sind davon befallen. Das ganze Universum. Bumbum … bumbum ... tief ein ... und wieder aus! Ein ... aus ... Ach, da ist ja der Hundsstern ... er steigt. Es wird noch heißer werden, noch heißer ...

Es ist nichts. Nur ... die Frauen, sie schlafen jetzt unruhig.
Bumbum. Bumbum. Bumbum... Bleiben, wo man ist. Damit einen die Götter nicht finden ... nicht anstecken können mit ihren Geschichten ... Es ist nichts!
eine Nachtigall schlägt

Die Nachtigall … Es ist die Nachtigall … hofft ihr. Die Nachtigall. Und nicht die Lerche!

Bild 13

Sirenen im Halbkreis um den leblos liegenden Odysseus

Wir haben Sie auf dem Balken gesehen,
daher können wir Sie nicht übergehen.
Umrisse reichen uns.
Wir denken nicht: welches Schiff zuerst, welches zuletzt.
Wir wissen nicht, wie man verweilt,
wir sind das schwarze Flimmern.
Die Grundlage des Anderen.
Das Signal hat immer eine andere Form.
Fest verankert ist das in uns.

Wir haben Sie auf dem Balken genommen,
weil Sie den Mund offen haben.
Sie fielen fast gar nicht ins Auge.
Stellen Sie sich mal einen Himmel vor!
Hier die grüne Erde – dort der blaue Himmel.
Was bleibt im Mittelpunkt hängen?
Haben wir Alternativen?
Die Gier nach Glück. Was es verspricht, was es auslöst.
Nachher lassen wir es, wie es ist.

Es kann sich nur um einen Untergang handeln.
Die meisten waren gezeichnet.

Es könnte auch so sein: zu Hause, im letzten Moment.
Stellen Sie sich den Himmel vor –
hier die grüne Erde, dort der blaue Himmel.
Jedes Schiff hofft.
Das ist unser Glück.
Glück nicht – die Schicht!
Wir haben ihnen genommen: ihr Schiff, ihre Segel.

Längsseits: Schwermut.
Damit ist das Helle und Dunkle erledigt.
Hört sich das an wie Drogen?
Sie müssen jede Chance nutzen!
Warum Sie hoffen, wissen wir nicht.
Wir finden den Grund erst im letzten Moment.
Wir haben Sie genommen, weil Sie das Signal sind.
Wir können Sie nicht ersetzen, weder im Rand noch im
Kreis.
Wir sind das letzte Solo, das ist der Knackpunkt.

Wir übertreiben nicht.
Stellen Sie sich den Himmel vor.
Die grüne Erde.
Wenn nichts drunter steht.
Wenn wir in Bewegung sind.
Wir sehen das als Zusammenhang.
Stellen Sie sich den Himmel vor.
Die Gier nach Glück.
Was es auslöst, was es verspricht.
Wie man das Risiko nennt?

Ein lebendes Tier!

NACHWORT

Gerd Antos

Odysseen der Selbstverzauberung

Wollte Helena, die schöne Helena, eigentlich den Trojanischen Krieg? Warum konnte Circe ihren Odysseus eigentlich nicht dauerhaft bezirzen? Und warum war Calypso nach sieben Jahren Quasi-Ehe bereit, Odysseus ziehen zu lassen? Nicht zuletzt: Wie war eigentlich das Verhältnis der noch jungfräulichen Nausikaa zu der treuen Ehefrau Penelope?

Fragen, die sich nach dem Buch von Marcella Berger: «Die Frauen des Dulders und andere Zumutungen – Geschichten nach Homer» aufdrängen. Dem literarisch wenig bewanderten Nachwortschreiber erscheinen diese Alltags-Miniaturen einerseits zunächst so wie eine Stelle ganz am Anfang des Buches, das als vordergründige Selbstbeschreibung gelesen werden kann: «Mild, mit wenig Säure und nach einer geheimen Rezeptur mit Honig und Kräutern.» Dass sich dahinter vielschichtig trotzdem eine Art Krimi verbirgt, merkt man so richtig erst am Ende der Geschichten. Aber um es nicht vorweg zu nehmen: «Es ist ein Piratengeheimnis, man darf es nicht verraten!»

Verraten aber kann man, dass hier die zwei weiblichen Archetypen Circe und Penelope gegenübergestellt werden – zwischen einem vielsagenden Typ wie Odysseus. Aber die Perspektive hat sich seit Homer verändert: Bei Marcella Berger kreisen Frauen nicht um den Abenteurer und

Dulder, sondern Abenteurer und mögliche Helden kreisen hier um verschiedene Frauen. Diese befinden sich reisend auf ihrer je eigenen Odyssee: Immer wieder vom linksrheinischen Südwesten ausgehend (oder zurückkehrend), in alle Himmelsrichtungen und Erdteile entschwebend. Ein interessanter Perspektivwechsel, diese Odysseen von Frauen. Vergnüglich ist es, sie auf ihren Reisen und Ego-Trips in ferne und nahe Gebiete ihrer jeweiligen Selbstverzauberung zu begleiten. Vielleicht gilt für die vorliegenden Geschichten daher ähnliches wie für ein Buch, um das es in einem der Erzähltexte geht?

«Suggestion und Autosuggestion. Im Mittelpunkt die These, dass das, was man glaubte und akzeptierte, eine zentrale Rolle bei psychischen und körperlichen Prozessen spielte. Das in Bildern und Modellen anschaulich zu machen, (...) war nicht einfach. Das Buch sollte einem Laienpublikum in allgemeinverständlicher Sprache einen Überblick über die verschiedenen psychotherapeutischen Ansätze vermitteln». Aber keine Sorge, so einfach sind Bergers Geschichten nicht gestrickt. Immerhin spielt hier Homer agendastiftend als hintergründiger Hermes herein. Wie in der Illias und in der Odyssee geht es vorherrschend um die klassischen Themen Liebe, Verführung, Eifersucht und Treue, gepaart mit der Aufklärung eines Mordes. Aber alles aus der Perspektive von Heldinnen in und mit wechselnder Selbstverzauberung.

In der Illias kämpfen Götter und Helden bekanntlich mit- und gegeneinander. Aber eigentlich sind sie Opfer ihrer sprachlichen Selbstverführungen, angestachelt durch Orakel und Schmeicheleien, beleidigt durch Flüche oder hintergangen durch List und Tücke. Exponent dafür ist der listenreiche Odysseus: Er erst macht den Trojanern die Sache mit dem mauerüberwindenden Pferd weis – durch eine bei ihnen angestachelte Rhetorik der Selbstverzauberung. Und dann erst: Als «Niemand» entkommt er dem Polyphem, der von Odysseus geblendet seine Zyklopen-Nachbarn um Hilfe ruft. Vergeblich: Denn sein Name sei Niemand, hatte Odysseus ihm weisgemacht, und so erklärt der grobschlächtige Riese auf Befragen seiner Kumpel: «Niemand hat mich geblendet!»

Mit seiner Odyssee kreiert Homer ein Roadmovie, das bis heute nachwirkt. Zehn Jahre muss der Held ein Schicksal erdulden, das traditionsbildend in der Literatur geworden ist (vgl. «Ulysses» von James Joyce). Klar blieb immer: Odysseus ist es, der als duldender Intellektueller immer neue Abenteuer erleben muss. Er als Haupt-Akteur steht natürlich im Mittelpunkt seiner Abenteuer, nicht seine Gefährten, nicht einmal die zerstrittenen Götter und schon gar nicht seine vielen Frauen, angefangen von Athene über Circe, Kalypso oder Nausikaa, nicht einmal seine treue Ehefrau Penelope. Aber was, wenn diese nun – wie im vorliegenden Buch – ihren Odysseus um sich kreisen lassen? Mit diesem Perspektivwechsel erst gelingt es ihnen, sich ihren ganz eigenen Reim auf diese Welt zu machen – eben als Odysseen einer Selbstverzauberung durch Sprache.

Wie so etwas im Extremfall funktioniert, hat schon Cervantes mit seinem Ritter von der traurigen Gestalt karikierend gezeigt: Don Quichottes, von zu vielen Ritterromanen verzaubert, kämpft bekanntlich nicht gegen Windmühlen und damit gegen die nüchterne Wahrnehmung und Wirklichkeit, sondern gegen Riesen – trotz der Aufklärungsversuche seines Gefährten Sancho Pansa:

«Was für Riesen?» versetzte Sancho Pansa.

«Jene, die du dort siehst», antwortete sein Herr, «die mit den langen Armen, die bei manchen wohl an die zwei Meilen lang sind.»

«Bedenket doch, Herr Ritter», entgegnete Sancho, «die dort sich zeigen, sind keine Riesen, sondern Windmühlen, und was Euch bei ihnen wie Arme vorkommt, das sind die Flügel, die, vom Winde umgetrieben, den Mühlstein in Bewegung setzen.»

Alle Versuche von Sancho Pansa scheitern. Denn: «Wir sehen nur, was wir wissen» wird später Goethe einmal dazu sagen. Als Sprachwissenschaftler muss ich natürlich dagegen protestieren. Denn «Wissen» kommt etymologisch eigentlich von «Sehen» und nicht umgekehrt. Daher auch der so genannte «Augenzeuge».

Dennoch: Gerade Dichtung und Literatur spielen immer wieder durch, wie literarische Sprache zum Medium der Selbstverzauberung wird. Das Geniale bei Cervantes: Er zeigt Literatur eindrucksvoll als Karikatur sprachlicher Selbstverführung bzw. Selbstmanipulation. Man kann es aber auch wie Homer machen: Circe verzaubert zwar Männer in Schweine, aber ihr Zauber scheitert ausgerechnet, als sie Odysseus sieht.

Auch dieser erkennt natürlich die Verlockungen und

Gefahren. Daher lässt er sich auch auf Circes Rat hin vorsichtshalber die Ohren mit Wachs verstopfen und obendrein noch an den Mast seines Schiffes binden, um nicht seiner durch die Sirenen ausgelösten Selbstverzauberung zu verfallen.

Auf der anderen Seite seine auf ihn wartende Penelope: Obwohl von Freiern bestürmt, hat sie Worte und Erinnerungen an ihren längst verschollen geglaubten Odysseus im Kopf, durch die sie sich so sehr selbst verzaubert, dass sie nicht sehen und wahrhaben will, was ist: dass ihr Ehemann längst leibhaftig vor ihr steht.

Marcella Berger zeigt mit ihren Frauengestalten beide Seiten verbaler Selbstverzauberung. Einerseits: Was wir so alles mit Sprache anstellen können (wie in der Rhetorik, Werbung, der Politik und in den Medien). Aber auch andererseits: Was Sprache alles mit uns anstellen kann! Die von ihr charakterisierten Frauen machen es in ihren Erinnerungen, kreisenden Gedanken und Kommentaren höchst lebendig. Und auch Leser und Leserinnen merken es: Worte und Wendungen berühren, irritieren, treffen oder verletzen, aber sie verfliegen auch wieder ganz schnell.

Das aber ist ja der Trick der Dichter und Dichterinnen. Sie lösen etwas aus, was zwar getriggert, aber letztlich unkalkulierbar ist. Sie machen uns etwas vor, weil sie wissen, wie leicht wir uns etwas ein- oder ausreden können. Manchmal ergeht es ihnen aber so wie einer Protagonistin im Buch: «Sie versuchte zu lesen, doch die Wörter und Sätze rauschten an ihr vorbei. Sie fing von vorne an, Zeile um Zeile. Aber nichts haftete, alles perlte ab».

Plato wusste schon, warum er Dichter und Lügenbarone auf eine Stufe gestellt hat. Für ihn war Sprache ein Medium der Information und der Erkenntnis, nicht der Verzauberung oder gar der Selbstverzauberung.

Wie gefährlich diese Variante ist, wird im betörenden Gesang der Sirenen deutlich. Im Epilog 2 zeigen sie, was sie können. Sie zeigen, warum selbst ein listenreicher und erfahrener Odysseus in der Gefahr steht, der Selbstüberzeugungskraft von Sprache zu erliegen – wie wohl auch die Frauen dieses Buches. Nicht umsonst geht es daher in Marcella Bergers hintergründig-vielschichtigen Geschichten letztlich um Liebe und Tod – auch wenn alles ganz selbstverständlich und lakonisch alltäglich daherkommt …

Gerd Antos ist emeritierter Professor für Germanistische Sprachwissenschaft an der Martin-Luther-Universität Halle-Wittenberg sowie Ehrenprofessor am Germanistischen Institut der Philosophischen Fakultät der Pannonischen Universität Veszprém (Ungarn). Sein Arbeitsschwerpunkt liegt in der Angewandten Linguistik.

Marcella Berger

in Brücken, Kreis Kusel, geboren und aufgewachsen, studierte Germanistik, Philosophie und Sozialkunde; Lehr- und Referententätigkeit, Rundfunkarbeiten, Sachbuch (u. a. Marcella Schäfer, *Märchen lösen Lebenskrisen*, 3. Auflage 1993, Herder Verlag), in den letzten Jahren vorwiegend literarische Prosa.